Bibliotecа Básica de Filosofia

A filosofia, como interrogação fundamental
e primeira, é a preocupação permanente do homem.
Com o intuito de permitir o acesso desta disciplina
a camadas do público cada vez mais largas
esta colecção preenche uma etapa necessária
do conhecimento filosófico.

Biblioteca Básica de Filosofia

1 — OS PRÉ-SOCRÁTICOS
Jean Brun
2 — KANT
Raymond Vancourt
3 — PIAGET
Guy Cellerier
4 — PLATÃO
Gaston Maire
5 — A FENOMENOLOGIA
Jean-François Lyotard
6 — A FILOSOFIA MEDIEVAL
Edouard Jeauneau
7 — BACHELARD
François Dagognet
8 — TOMÁS DE AQUINO
Joseph Rassam
9 — A FILOSOFIA ANTIGA
Jean-Paul Dumont
10 — ARISTÓTELES
André Cresson
11 — A HISTÓRIA DA LÓGICA
Marcel Boll e Jacques Reinhart
12 — HEGEL
Jacques d'Hondt
13 — A ESTÉTICA
Denis Huisman
14 — DESCARTES
Michèle Beyssade
15 — INTRODUÇÃO À PSICANÁLISE-FREUD
Michel Haar
16 — NIETZCHE
Gilles Deleuze
17 — GALILEU
António Banfi
18 — HUSSERL
Arion L. Kelkel e René Schérer
19 — DURKHEIM
Jean Duvignaud
20 — ESPINOSA E O ESPINOSISMO
Joseph Moreau
21 — HEIDEGGER
Pierre Trotignon
22 — CARNAP E O POSITIVISMO LÓGICO
Alberto Pasquinelli
23 — PROUDHON
Georges Gurvitch
24 — AUGUSTE COMTE
Paul Arbousse Bastide
25 — MAQUIAVEL
Georges Mounin
26 — DAVID HUME
André Vergez
27 — LOCKE
André-Louis Leroy

Locke

Título original: *Locke*

Tradução de António Manuel Gonçalves e
Joaquim Coelho da Rosa

Capa de Fernando Camilo

Direitos reservados para a Língua Portuguesa
EDIÇÕES 70 — Av. Duque de Ávila, 69 r/c Esq.
1000 LISBOA — Telefs.: 55 68 98 - 57 20 01
Delegação no Norte: R. da Fábrica, 38-2.º, Sala 25 — 4000 PORTO
Distribuidor no Brasil: LIVRARIA MARTINS FONTES
Rua Conselheiro Ramalho, 330-340 — São Paulo

André-Louis Leroy

Locke

edições 70

A VIDA

JOHN LOCKE

Testemunha e actor da luta contra a tirania dos Stuarts e da Revolução de 1688

A décima terceira das *Lettres Philosophiques* de Voltaire começa com um elogio de Locke: «Talvez nunca tenha existido um espírito mais sábio, mais metódico, um lógico mais exacto do que Locke; não era, contudo, grande matemático. Ele nunca foi capaz de se submeter à fadiga dos cálculos nem à secura das verdades matemáticas, que não apresentam de imediato nada de sensível ao espírito; e ninguém provou tão bem como ele que se pode ter um espírito de geómetra sem recorrer à geometria. Antes dele, grandes filósofos tinham decidido positivamente o que é a alma do homem; mas, como não sabiam absolutamente nada acerca do assunto, é perfeitamente justo que tenham sempre tido opiniões diferentes.»

Cinco parágrafos mais adiante, o elogio continua: «Depois de tantos pensadores terem feito o romance da alma, veio um sábio que fez modestamente a sua história. Locke desenvolveu para o homem a razão humana, tal como um excelente anatomista explica os mecanismos do corpo humano. Socorre-se sempre da luz da física; ousa por vezes falar afirmativamente, mas ousa também duvidar. Em lugar de definir de uma só vez aquilo que não conhecemos, examina gradualmente aquilo que queremos conhecer. Pega numa criança à nascença, segue passo a passo os progressos do seu entendimento; vê o que ela tem de comum com os animais, e o que tem de superior a eles, consulta sobretudo o seu próprio testemunho, a consciência do seu pensamento.»

É verdade que Voltaire tinha razão em elogiar John Locke, pois ambos estavam envolvidos em combates semelhantes! Locke advoga a tolerância e é adversário de todo o dogmatismo intransigente. É também o teórico político da revolução inglesa de 1688, em que o povo inglês se levantou contra um rei que só governava no seu próprio interesse e chamou para o substituir um príncipe mais liberal. É, finalmente, o filósofo que se recusou a propor um sistema que não respondesse às informações da experiência, que não se contentava também com a coerência interna do seu sistema e não hesitava corrigir-se e mesmo contradizer-se.

Sem dúvida a leitura de *An Essay Concerning Human Understanding,* pode parecer, a alguns dos nossos contemporâneos, longa e enfadonha. Toda a obra refuta, com efeito, as teses hoje abandonadas, ou ainda objecções que já não têm sentido. Esses leitores quereriam, talvez, que Locke tivesse pressentido a visão contemporânea. No entanto, os filósofos ingleses de hoje, consideram-no, ainda, o maior filósofo dos Tempos Modernos.

*
* *

John Locke nasceu a 29 de Agosto de 1632, em Wrington, no Somerset; era o filho primogénito de um lar puritano; o seu pai era o que se chamava então um «parlamentar», cuja doutrina talvez fosse rígida, mas cujo método educativo foi muito feliz; seguiu de muito perto os progressos do filho, dando-lhe sempre de ano para ano mais liberdade, e cada vez mais amizade. Temos a certeza de que o filho se lhe mostrou muito reconhecido por isso; ele recomendará mais tarde este método de educação nos seus *Cadernos de Notas.* Adquiriu assim o hábito de viver com simplicidade e modéstia, e de trabalhar muito. Foi esta a sua maneira de viver ao longo de toda a vida, independentemente da sua situação social.

Em 1646, entra para a Westminster School, onde o espírito era também parlamentar e onde reinava uma disciplina muito estrita; foi um bom aluno, pois nomearam-no King's

Scholar, bolseiro do rei; seis anos mais tarde, era enviado para Christ Church, Oxford, como *junior student*. Chegou aí imediatamente após a guerra civil, na qual Oxford estivera do lado dos realistas; como os estudos tinham sido descurados, meteu-se ombros à tarefa de devolver o seu prestígio à Universidade. John Owen tinha sido nomeado deão de Christ Church; pouco depois tornava-se vice-chanceler da Universidade. Era um teólogo cioso da independência das igrejas locais e, tal como Cromwell, era tolerante; não procurou impor os seus pontos de vista pessoais sobre a constituição eclesiástica, e podemos interrogar-nos se a sua grande tolerância não terá servido de modelo a Locke. Sobre esta nova época dos estudos de Locke, possuímos um testemunho directamente oposto às informações provindas de Westminster School: Locke teria sido um péssimo estudante; parece que, de facto, Locke terá mostrado pouca solicitude para o trabalho imposto; nutriu sobretudo aversão para as discussões de escola, que lhe pareciam ser pura verborreia. Parece também ter sido a época em que Locke sentiu claramente o desejo de não prosseguir os estudos conducentes ao clericato, ao qual se destinavam geralmente os bolseiros de Christ Church. As suas hesitações foram respeitadas, mas só lhe outorgaram oficialmente a sua liberdade em 1666.

Locke pôde assim prosseguir os seus estudos em direcções mais conformes com as suas preferências. Em 1659 tornava-se *senior student*, em 1660 participava no ensino, dando conferências de grego e, em 1662, conferências sobre a retórica; em 1663 tornava-se censor em filosofia moral. Entretanto, seguia as conferências do matemático Wallis sobre a geometria, as de Seth Ward sobre a astronomia; entusiasmava-se com trabalhos recentes sobre as línguas hebraica e árabe. Além disso, prosseguia estudos de medicina e frequentava o famoso grupo científico de Oxford, que contribuíu para formar depois a Sociedade Real Britânica e se estabelece em Londres após uma estadia em Oxford. Locke possuía pois uma cultura muito vasta; foram o homem e o meio humano que parecem tê-lo atraído particularmente; um facto parece dar crédito a este juízo: Locke nunca praticou a medicina senão como amador, como aliás a pedagogia, para ser útil aos amigos.

Em 1665, um diplomata, encarregado de uma missão importante junto do eleitor de Brandeburgo, que se encon-

LOCKE

trava então em Clèves, pediu-lhe que o acompanhasse na qualidade de secretário. Locke regressou a Oxford em Fevereiro do ano seguinte. Mal retomara ainda os seus hábitos nesta cidade, ofereceram-lhe um secretariado mais importante, na embaixada inglesa em Espanha. Locke recusou e preferiu permanecer em Oxford, para prosseguir os seus estudos de medicina e manter-se ao corrente dos progressos científicos. A 23 de Novembro de 1668 foi eleito membro da Sociedade Real, essa Academia Britânica das Ciências. Entretanto, Locke tornara-se amigo de Lord Ashley; foi seu comensal e estabeleceu-se com ele em Exeter House, situada então no Strand, em Londres; foi simultaneamente médico e amigo da família, duas situações que, como se reconhecerá, são difíceis de conciliar durante tanto tempo. Quando Lord Ashley foi elevado ao pariato, com o título de conde de Shaftesbury — o primeiro do nome —, e nomeado Lord Chanceler de Inglaterra, Locke desempenhou, como secretário, diversas funções públicas; em 1672, ocupou-se da apresentação dos benefícios eclesiásticos; em 1673, entrou para o Board of Trade, esse Ministério do Comércio e da Indústria. Em Setembro de 1672, fez uma primeira visita de algumas semanas a França, onde teve contactos com filósofos franceses. Tinha tirado já grande benefício da leitura de obras de Descartes no momento em que, em Oxford, desesperava da filosofia e da religião tais como a escolástica lhas dera a conhecer. Talvez tivesse já conhecimento das cópias das primeiras Regras cartesianas *para a orientação do espírito,* que circulavam então em manuscrito; Locke, ao que parece, aceitava algumas delas, como veremos mais adiante, mas inclinar-se-ia mais para as teses gassendistas.

    Locke cessou as suas funções oficiais com a queda de Lord Shaftesbury, em 1675. Partiu de novo para França por volta de 15 de Novembro desse mesmo ano e por lá ficou até Abril de 1679. Fez primeiro uma longa estada em Montpellier, sem dúvida atraído pelo renome da sua faculdade de medicina; permaneceu aí de Novembro de 1675 a Março de 1677, para consolidar a sua saúde, muito delicada, que havia sido abalada pelas obrigações do seu cargo e pelo clima londrino; deslocou-se então para Paris, onde chegou em Maio, e onde permaneceu até Junho de 1678. Teria sido aí preceptor do filho de um amigo de Lord Shaftesbury. Mas, nesse ano de 1678, fez uma nova escapada a Mont-

A VIDA

pellier, de Junho a Novembro, regressando então a Paris, onde permaneceu até à sua partida para Londres. Este regresso coincidiu com um recrudescimento das lutas políticas, complicadas de oposição religiosa entre os Stuarts, católicos, e o Parlamento e o povo inglês, protestantes em grande maioria. Shaftesbury acabava de ser reintegrado, sob a pressão da opinião, no seu cargo de chanceler. Levantara-se uma viva controvérsia acerca da sucessão ao trono, do qual o Parlamento queria afastar os príncipes católicos; reinava a desordem em todo o reino, com alternativas de vitória e de derrota para cada um dos partidos. Numa delas, em que era vitorioso momentaneamente, Carlos II envia Shaftesbury para a Torre de Londres; mas vê-se mais uma vez obrigado a libertá-lo sob a pressão do povo da cidade; Shaftesbury deixa Londres e parte para Oxford, onde o Parlamento fora convocado; em 1681, é de novo preso, mas é perdoado; embarca então para a Holanda, onde morrerá em Janeiro de 1683. Locke seguira de muito perto a acção política do seu amigo e protector, mas tinha levado, em Christ Church, uma vida de investigações filosóficas e médicas. Todavia, os inimigos de Shaftesbury não estavam esquecidos do apoio que Locke lhe dera. Vigiaram o filósofo, que acabou por embarcar, também ele, para a Holanda, onde chegava a 7 de Setembro de 1683.

A partida de Shaftesbury, e depois a sua morte, tinham deixado o campo livre a Carlos II, que aproveitou para recuperar uma parte do seu prestígio e do seu poderio político; mas, dois anos mais tarde, era a sua vez de morrer; o herdeiro foi o seu irmão, Jaime II, precisamente o mesmo que o Parlamento quisera afastar do trono, por se ter convertido ao catolicismo e ter servido a França contra a Inglaterra e a Holanda. Houve uma espécie de trégua, porque a princípio o povo confiou no juramento do rei, que prestara fidelidade à Constituição. Mas aperceberam-se de que não se podiam fiar na sua palavra; Jaime II mandou matar alguns dos adversários dos Stuarts. O favor dos ingleses tornou-se ainda mais forte em relação ao stathouder dos Países-Baixos, Guilherme d'Orange, que casara com a princesa Mary, filha mais velha de Jaime II, e organizara a resistência contra as pretensões de Luís XIV no norte de França. Estabeleceram-se conversações entre as duas margens do mar do Norte, as quais se precipitaram quando se soube que a segunda mulher de Jaime II acabava de dar à luz um filho, o que fez os ingleses recearem a ameaça de um duplo perigo, um rei católico e a dependência, mais ou menos directa, do poder francês. Manifestou-se viva oposição contra Jaime II, que sentiu toda a gente abandoná-lo; até a sua segunda filha se aliou a Danby, um dos adversários de seu pai. Jaime II fugiu e embarcou para França; deixaram-lhe o caminho aberto.

Entretanto, Locke prosseguira na Holanda a sua vida de estudo e os seus diversos contactos. Jaime II não deixara de tentar prejudicá-lo, quer esforçando-se por o privar da sua *studentship* em Christ Church, quer pedindo a sua extradição ao governo holandês. Locke viu-se obrigado a mudar várias vezes de residência para escapar a homens de mão. É assim que o encontramos sucessivamente em Leyde, Utrecht, Roterdão e outras cidades. O mais importante dos felizes encontros que o nosso filósofo fez então foi o do teólogo Philippe Van Limborch, professor de teologia no Colégio dos Remonstrantes e chefe da Igreja fundada pelo seu sogro Arminius em 1610, que criticara os Estados gerais da Holanda acerca de questões religiosas. Limborch tornara-se um dos teólogos mais importantes da Holanda e o seu nome era conhecido em toda a Europa ocidental. Os arminianos, ou arminianistas, praticavam uma tolerância muito ampla e deploravam a divisão das diversas Igrejas cristãs; pensavam que um cristão, fosse de que denominação fosse, tinha o direito de assistir livremente a qualquer serviço cristão. Esta tolerância não podia senão agradar a Locke, esse latitudinário.

Foi no mesmo colégio que Locke encontrou Jean Leclerc, um genebrino que, depois de ter viajado muito, aceitara um posto de professor de Filosofia nesse colégio, e que começava então a publicar a sua *Bibliothéque Universelle*. Em 1688, Locke publicou em francês, nessa revista, um artigo sobre um «Método Novo de Compor Artigos», no qual apresentava o seu método para constituir os seus *Cadernos de Notas* nos quais reunia as informações e reflexões que utilizou para redigir as suas diversas obras.

Locke ocupava-se também de política, e pensa-se mesmo que foi indirectamente, e por vezes directamente, conselheiro de Guilherme d'Orange por intermédio de Lord Mordaunt, conde de Peterborough. Assim se explica que Locke acompanhasse Lady Mordaunt e a princesa Mary aquando do seu regresso a Inglaterra, quando a situação do país se

A VIDA

tornou mais calma. A 12 de Fevereiro de 1689, desembarcavam os três em Greenwich.

No mês seguinte, aparecia em Gouda a *Epistola de Tolerantia*; Locke decidira publicá-la em latim porque a dedicava a Limborch, que conhecia mal o inglês. Locke escrevera aliás, já em 1666, um *Ensaio Sobre a Tolerância* que não foi publicado em vida. A carta de 1689 foi traduzida para inglês no mesmo ano. Em seguida apareceram sucessivamente os *Dois Tratados do Governo Civil*, em Fevereiro e o *An Essay Concerning Human Understanding*, em Março. Espantar-nos-íamos de ver sucederem-se, com tanta rapidez, três obras tão consideráveis, tanto pela importância das teses nelas sustentadas como pela amplitude dos seus desenvolvimentos, se não conhecêssemos a prática dos *Cadernos de Notas*, e se não soubéssemos que a redacção deste *Ensaio* começara já no Inverno de 1670-1671. Foi então, com efeito, que 5 ou 6 amigos — entre os quais Locke — tinham querido discutir sobre os princípios da moral e da religião revelada. Não tinham podido entender-se, mas convieram que, para discutirem utilmente, era preciso examinar primeiro quais eram as capacidades dos nossos entendimentos. Locke aceitou fazer essa investigação, que esperava poder levar a bom termo rapidamente, para a sua próxima reunião: uma folha devia sem dúvida bastar para reunir todos os preceitos úteis. Mas, na data prevista, os amigos foram avisados de que a tarefa estava longe de ter chegado ao fim. Tiveram que esperar vinte anos.

O ensaio teve um grande sucesso; fez-se uma segunda edição em 1694, uma terceira em 1695, uma quarta em 1700, a segunda e a quarta comportavam importantes adições ou modificações; à morte de Locke, em 1704, encontraram-se nos seus papéis novas correcções e adições que foram publicadas nas edições póstumas. Locke, que tinha empreendido o seu estudo apenas para definir um método seguro de discussão, foi reconhecido como um dos melhores filósofos do seu tempo e exerce ainda uma grande acção sobre a filosofia de língua inglesa.

Entretanto, Locke não se fechava na sua obra de filosofia. Regressado a Londres, vê-se obrigado a recusar ao novo rei, Guilherme III, em razão da sua pouca saúde, partir para a Dinamarca, em seguida para Berlim ou Viena na qualidade de embaixador. Encarregaram-no da comissão de apelos em Maio de 1689, e tornou-se em seguida um dos comissários para o comércio e as plantações, em 1689, posto que ocupou até 1700. Nos primeiros tempos do seu regresso ao país, habitava em Westminster, não longe da mansão de Lord Mordaunt; mas o clima de Londres não era indulgente para os seus pulmões. Locke quis a princípio permanecer nos arredores imediatos de Londres; mas depressa se deixou convencer em ir viver para Oates, no Essex, para casa de Sir Francis e Lady Masham; esta era uma das filhas do filósofo platónico de Cambridge, Ralph Cudworth, com quem Locke estivera em relações antes da sua partida para a Holanda. Foi aí que acabou a sua vida, numa atmosfera familiar, apoiado por uma simpatia intelectual e moral. Morreu a 27 de Outubro de 1704, enquanto Lady Masham lhe lia salmos; «a sua morte foi semelhante à sua vida, escreveu a sua leitora, verdadeiramente piedosa, todavia natural, fácil e sem afectação».

Antes de propormos um juízo sobre a personalidade de Locke, será bom indicar, pelo menos rapidamente, quais os trabalhos que publicou após as suas obras capitais, mais que não seja para completar a sua atmosfera intelectual. Houve primeiramente obras de polémica publicadas em resposta a críticas dirigidas ao *Ensaio*: em 1697, *Uma Carta ao Right Reverend Edward, Lord Bispo de Worcester, Acerca de Alguns Passos que se Referiam ao Ensaio do Sr. Locke Sobre o Entendimento Humano num Recente Discurso de sua Senhoria para Defender a Trindade*; seguiram-se duas outras respostas, que respondiam elas próprias a outras respostas do bispo Stillingfleet (1697 e 1699). Em 1691 e 1695, Locke tratava de questões financeiras: *Algumas Considerações sobre as Consequências da Descida dos Juros e Sobre a Elevação do Valor da Moeda*. Em 1693, aparecem *Alguns Pensamentos Sobre a Educação*, que foram traduzidos para francês em 1695 e, em seguida, para alemão e italiano. Em 1695, apareceu *O Carácter Razoável do Cristianismo Tal como é Proposto pelas Escrituras*, seguido de duas respostas às críticas feitas por John Edwards, que acusava Locke de socinianismo e de racionalismo. Em 1705, *Uma Paráfrase e Notas Sobre a Epístola de S. Paulo aos Gálatas* apareceram de modo póstumo. Apareceram igualmente de modo póstumo, devido aos cuidados de amigos devotados, outras obras e adições ou correcções ao *Ensaio*. Houve numerosas edições das suas obras.

A VIDA

Locke aparece pois como um homem empenhado na vida intelectual, espiritual, política e económica do seu país. Julgou que os problemas filosóficos eram problemas de base, que permitiam compreender como se punham os outros problemas. Fez assim figura de epistemólogo, *avant la lettre*, para muitos dos seus leitores. É que ele queria colocar correctamente as questões tantas vezes alteradas pela inépcia que deformava a posição de todos os problemas humanos. Era um espírito maior, que recusava contentar-se com explicações tradicionalmente aceites; submetia-se ao seu próprio julgamento e não queria ceder às suas próprias paixões, nem às opiniões que emitira precedentemente: nenhum amor-próprio exagerado, mas uma grande preocupação de objectividade, o desejo de servir os homens, e de os respeitar, eis alguns dos caracteres dominantes do carácter de Locke.

A FILOSOFIA

A Carta sobre a Tolerância

Poder-se-á alguma vez atingir a completa objectividade? Dependemos sempre da nossa época. As três obras principais de Locke são testemunhos muito fiéis da perturbação, neste século, da vida e do pensamento europeus ocidentais. As ideias mestras das duas obras mais empenhadas no século encontram-se de novo no *Ensaio*; mas, para o vermos de modo mais evidente, é preciso mostrar aqui os desígnios particulares da carta sobre a tolerância e dos tratados do governo civil. A sua exposição será tão breve quanto possível.
O dever da tolerância era de actualidade na Europa deste tempo. Locke distingue a sociedade religiosa da sociedade civil, e o padre, o clérigo, do magistrado civil. Locke segue aqui a palavra de *Mateus* VI, 25/34, e a de *Lucas*, XII, 24/ /34: pretende distinguir o reino de Deus do mundo de Mamão. «Uma sociedade é constituída unicamente para procurar, preservar e desenvolver os interesses pessoais de ordem civil.» O Estado é o domínio da justiça; os príncipes e os magistrados civis têm por missão fazê-la reinar e preservá-la; não têm que intervir na vida religiosa. A verdadeira religião é aquela que assegura a salvação; a Igreja é uma sociedade livre na qual se entra voluntariamente; por conseguinte, nenhum homem devia ser submetido despoticamente a uma Igreja particular. Nem sequer é necessário haver um bispo ou um padre para que uma Igreja exista; segundo a palavra do próprio Cristo: «Onde houver dois ou três reunidos em meu nome, estarei no meio deles» (*Mateus*, XVIII, 20). Muitas vezes é útil que haja um chefe numa Igreja; mas são os membros dessa Igreja que devem elegê-lo. Para um cristão,

LOCKE

as condições da sua salvação são dadas pelos Evangelhos. A liberdade religiosa é primeiramente liberdade das formas exteriores do culto; cada Igreja pode usar das suas próprias formas; mas não pode obrigar um dos seus membros a submeter-se a práticas que recusaria; cada um pode pois recusar-se a assistir ao culto. A liberdade de professar doutrinas particulares é igualmente ampla, e o magistrado civil não tem que se inteirar delas. «A religião de um príncipe é sempre ortodoxa para ele. Se se conceder pois ao magistrado civil um poder nas questões espirituais, como em Genebra, por exemplo, ele pode extirpar, pela violência e pelo sangue, a religião que é reputada idólatra nesse país; a mesma regra permite a outro magistrado, num país vizinho, oprimir a religião reformada e, na Índia, o magistrado pode agir da mesma maneira em relação à religião cristã. Se se permitir, uma só vez, introduzir seja o que for na religião por meio de leis e de penalidades, deixará de ser possível limitar a sua acção.» Não restam dúvidas, Locke retomava por sua conta as críticas feitas por Sébastien Castellion contra Calvino e Théodore de Bèze no seu *Faut-il poursuivre les hérétiques?*, de 1554, críticas que lhe eram feitas igualmente por numerosos reformadores, que achavam deplorável o exemplo dos genebrinos sobre este ponto ([1]); e retomava também a posição dos holandeses Remonstrantes e de Pierre Bayle no seu *Dictionnaire historique et critique*, em 1697.

A posição de Locke em relação aos pretensos heréticos é pois muito nítida, não basta chamar a uma Igreja ou a um homem heréticos para se ter o direito de os obrigar pela força. Há mais de uma estrada para ir ao céu, cada um pode escolher a sua desde que respeite a paz pública. Um cristão, seja qual for a sua Igreja, deve voltar sempre aos Evangelhos; pode separar-se das tradições que repousem unicamente na autoridade ou nas tradições humanas. Como poderiam os homens crer possuir mais competência que o Espírito Santo para interpretar as doutrinas religiosas? Há seguramente outras religiões para além do cristianismo; são--lhes aplicáveis as mesmas regras; não há religião de Estado

---

([1]) Os genebrinos do século XX foram da mesma opinião que Sébastien Castellion e Pierre Sayle, visto que, em 1905, ergueram um monumento a Michel Servet para marcarem o seu arrependimento pelo crime dos seus antepassados.

e Locke denuncia as religiões que dependem, directa ou indirectamente, do magistrado público.
O caso do ateu, para Locke, diferirá inteiramente do herético? Poderíamos espantar-nos, é o *Ensaio* que nos explicará esse juízo; a existência de um Deus é-nos conhecida por uma demonstração racional, certa e autêntica. Tão-pouco será de espantar que numerosos libertinos se reclamassem de Locke e que, ao mesmo tempo, Richard Hooker, no seu *Ecclesiastical Polity,* o seu governo da Igreja, que define a posição da Igreja anglicana, consagrasse um extenso desenvolvimento à natureza racional de todas as leis, no seu primeiro livro, publicado em 1597. Locke retomava e justificava o ensinamento de Hooker.

Do Governo Civil

Os dois Tratados *Do Governo Civil* constituem uma justificação da Revolução de 1688. O primeiro Tratado combate a tese realista sustentada já pelo *Leviatan* de Hobbes, mas exime-se cuidadosamente a citá-lo. Hobbes é um autor que então se recusa citar, mesmo para o combater. Locke dirige os seus ataques contra um político de segundo plano, Sir Robert Filmer, que estaria hoje perfeitamente esquecido se Locke não tivesse criticado o seu *Patriarcha.* Limitemo-nos a recordar o essencial da discussão.

Filmer defendia uma tese, muito pessoal, segundo a qual o poder de um monarca absoluto tinha origem no poder de Adão sobre Eva e sobre os seus filhos. Toda a sociedade seria pois de origem conjugal; cada família era assim uma pequena monarquia. Locke não tem qualquer dificuldade em rejeitar esta hipótese. O poder paterno não poderia durar senão o tempo durante o qual a criança é incapaz de se dirigir racionalmente; é pois muito diferente do poder político, que repousa sobre um contrato cujos termos devem ser respeitados tanto pelo príncipe como pelos súbditos. Quanto a fazer do marido um monarca absoluto, que reduz a mulher à servidão, era considerar como justificada em direito uma antiga prática que assentava unicamente na força masculina e, acrescentêmo-lo, suscitava a manha feminina. Admitamos que, quando muito, marido e mulher tenham os mesmos interesses, o que é frequentemente discutível; mesmo nesse caso, marido e mulher são dois entendimentos diferentes e duas vontades diferentes, que podem querer usar métodos diferentes de acção. O casamento é na realidade um contrato; porquê querer tirar à mulher o seu direito próprio nesse contrato? Porquê querer fazer também, à maneira da Antiguidade, dos filhos e dos servidores da família, autênticos escravos? E como se poderia querer tratar os súbditos de um estado também como escravos? O caso é, julga Locke, que se lançou recentemente a ideia de uma monarquia de direito divino. Numa tal monarquia, o príncipe está necessariamente acima de qualquer lei, ao passo que o súbdito não pode ter pretensões a nenhum recurso, nem a nenhuma liberdade. O príncipe pode dispor de todas as riquezas dos súbditos e romper todos os contratos existentes. O seu bom desejo é a regra da sociedade no seu todo.

Mas isto não é mais do que a sobrevivência de uma forma primitiva de governo, que data de uma época em que os homens não sentiam ainda a opressão de um tirano. É uma forma simples de organização social em que se ignora a ambição e o luxo. Mas esta organização está em vias de se modificar; o povo preocupa-se em conhecer a origem e os direitos do governo. Descobre-se que o Estado de natureza é um negócio de homem a homem, que é um estado de liberdade em relação a todo o poder terrestre que se crê superior, mas não é de modo nenhum um estado de licença. Cada homem é nele, ao mesmo tempo, agente e juiz, qualquer criatura razoável compreende isto; é também a afirmação que todo o homem é obra de um Criador todo-poderoso, do qual é propriedade, e que devemos respeitá-la. Cada homem aparece então como dono da sua vida, e tem o direito de a preservar; mas, para o fazer, deve empregar um método diferente do dos animais. A razão humana torna-se a regra comum, a medida e o meio de nos preservarmos dada por Deus ao homem. Não será esta uma melhor visão do mundo, melhor do que aderir a imaginações fantasistas, a convenções e estratagemas de ordem humana? A razão traduziria a grande sabedoria do poderoso Criador.

Ninguém, declara Locke, tem poderes arbitrários sobre si próprio, e muito menos sobre os outros; ninguém pode destruir uma vida, nem os bens de outrem. Como poderia então um indivíduo dar o poder absoluto sobre si próprio a outro homem? Como poderia igualmente um povo dar a um governo ou a um príncipe o poder que não possui sobre si próprio? Não nos mostra a experiência que uma criança não

nasce súbdito de um governo? A princípio, está sob a protecção e a autoridade do seu pai; mas, quando chega a idade do discernimento, o jovem é livre de se colocar sob a autoridade do governo por si escolhido. Não acontece tantas vezes que os homens se retiram da sociedade em que tinham nascido? É uma consequência do estado de natureza, que só pode ser combatida por uma outra consequência da nossa submissão natural à lei da natureza, a saber, que não podemos escapar à punição engendrada por qualquer ataque contra as pessoas ou contra os bens do nosso próximo. O estado de natureza não é o regime do arbitrário e da violência.
A maioria dos governos praticam com efeito a separação dos poderes. O poder legislativo é composto de representantes nomeados pelo povo; não deve reunir-se continuamente, isso seria dar-lhe um poder excessivo; tem o direito de fazer leis, que autorizam a pena de morte ou a perda da liberdade. Mas nem sequer deve ter sessões prolongadas, que engendrariam a confusão e perturbações na sociedade. É contudo indispensável que exista um poder legislativo, para assegurar a igualdade entre todos os cidadãos. É preciso uma regra única para o rico e para o pobre, para o favorito da corte e para o camponês da charrua, para que o executivo não determine impostos injustos sobre as propriedades do povo sem o consentimento deste. Encontramos aqui os efeitos das exacções e da tirania dos Stuarts. Em suma, o corpo legislativo une de maneira viva e orgânica os membros de uma dada sociedade. Constitui o poder supremo dessa sociedade. Todavia, o poder executivo, que permanece ininterruptamente em funções, dispõe de certas prerrogativas que podem atenuar, nalguns casos, a rigidez da lei promulgada. Mas estas prerrogativas não podem ser mais do que realizar o bem público para além de todas as leis estabelecidas. Por exemplo, se se pode por vezes subtrair um culpado à sua punição, nunca se pode isentá-lo da reparação do dano por ele causado. E o poder executivo nunca deve opor-se ao poder legislativo pela força; isso seria destruir a confiança que depositamos no primeiro. Uma longa sequência de abusos, de prevaricações e de artifícios não pode deixar de provocar uma revolução; o príncipe é a primeira vítima dos seus atentados contra a constituição, mesmo quando estes, a princípio, parecem ser-lhe favoráveis. E Locke continua, insistindo em que o fim de um governo não pode ser senão

o bem dos homens, e que o poder político de um governo só pode estabelecer-se pelo acordo voluntário dos súbditos; rejeita a tese segundo a qual o governo derivaria da conquista; ninguém pensa, contudo, que os ladrões e os piratas tenham qualquer direito a tirar proveito das suas rapinas. Todo o governo caminharia para a sua dissolução se o príncipe ou o legislativo abusassem, um ou outro, das suas vantagens respectivas; quer haja rebelião ou usurpação, cria-se uma situação que faz desaparecer o governo legal. É certo que a sociedade não pode desaparecer; de facto, a razão e a vontade de Deus acabam sempre por triunfar; mas as perturbações profundas agitaram o país e engendraram um estado de insegurança, destruições de bens e, sobretudo, mortes. A calma restabelece-se seguidamente, por fortuna, e reaparecem as mesmas instituições, mesmo que os seus nomes tenham mudado; é ainda o Príncipe, os Lords e os Comuns. Em suma, se se trata das mesmas instituições, o seu espírito pode ser modificado, para bem de todos.

Ensaio sobre o Entendimento Humano

Eis agora a obra de base, que nos explica qual é o pensamento profundo de Locke, aquela que justifica a sua defesa da tolerância e o seu respeito pela investigação desinteressada e sincera. Há muitas vezes a tendência para acentuar o experimentalismo de Locke num empirismo que faria do nosso filósofo um partidário da passividade do espírito. Veremos adiante que Locke insiste na actividade do pensamento, sobretudo quando o espírito humano se volta para a sua própria actividade. Mais do que um empirismo, a sua filosofia é um experimentalismo. Locke praticou ele próprio a experimentação; é um médico e um pedagogo experimentado; possui uma prática muito grande do estudo das situações humanas. Reuniu numerosas observações espontâneas, provocou-as, confrontou-as. O seu espírito está sempre à procura de analisar situações muito complexas. Tinha também, por demais, o hábito de consultar a experiência vivida para se fechar numa erudição livresca, não que se tenha abstido de ler relatos de viajantes sobre países longínquos e sobre homens muito diferentes dos europeus, mas possuía demasiada curiosidade inquisitiva para rejeitar como demasiado fabulosos relatos estranhos: é preciso estudar a realidade, ignoramos ainda muito acerca das suas características.

A FILOSOFIA

Aprendeu por outro lado a desconfiar da linguagem, mesmo sábia, ou pomposa, dos outros homens. Notemos primeiramente que ele não hesita em alargar o sentido de palavras que predecessores e escolas anteriores tinham pretendido reservar para sentidos muito precisos opostos ao uso corrente. O caso da palavra *ideia* é bem conhecido dos historiadores da filosofia. O sentido proposto por Locke responde perfeitamente à etimologia da palavra: «É o termo que, penso eu, melhor serve para representar o objecto do entendimento quando um homem pensa; empreguei-o pois para exprimir tudo o que se significa por *fantasma, noção, espécie,* e tudo aquilo sobre que o espírito pode ocupar-se quando pensa; não podia pois evitar usá-lo frequentemente.» Observou-se certamente que a palavra ideia não é a única a receber um sentido muito alargado, mas também a palavra *pensar*. Quando nos viramos para um dos nossos sentimentos e para a nossa actividade intelectual, os nossos actos e sentimentos são as nossas ideias, ao passo que a palavra *ideia* pode ter um sentido nobre, tal como a utilizaram os metafísicos; o mesmo acontece com a palavra pensar. Locke faz-nos este aviso no último parágrafo da Introdução ao *Ensaio*.

Os quatro livros do *Ensaio* estudam sucessivamente um aspecto do problema proposto, mas acontece retomarem, para a aprofundar ou para a precisar, uma questão já estudada. É esta a marca da consciência de Locke, que admite a consideração de novas observações. O primeiro livro rejeita erros aceites demasiado facilmente por filósofos anteriores ou contemporâneos: não há ideias nem princípios inatos. O segundo examina a natureza e a origem das ideias mais importantes que percebemos. O terceiro estuda a natureza e o valor dos signos da linguagem, os quais fixam tão intensamente o pensamento humano que as palavras deslocam com demasiada frequência as ideias: o significado é evanescente; o signo é estável, empurra para o último plano a realidade experimentada. O quarto analisa o conhecimento, que é sempre certo e verdadeiro, distinguindo-se assim da probabilidade e da opinião, que comportam sempre uma margem de erro.

Uma *Epístola* ao leitor dá a conhecer a grande modéstia do filósofo, o seu espírito de independência e a sua preocupação de objectividade. Fala da origem do livro, explica as suas insistências e repetições: por vezes é útil expor as mesmas ideias de diversas maneiras, para melhor as fazer compreender a leitores diferentes; por vezes ainda, Locke não teve vagar para refundir numa exposição única explicações várias referentes a um mesmo problema. É compreensível, quando se conhecem as ocupações e preocupações do autor.

Eis pois este homem cioso de experiência concreta e preocupado com a verdade em presença da filosofia e de todas as suas ideias, ocupado com o estudo de si próprio e dos outros homens, voltando-se para si. Os *objectos* ordinários do nosso saber são as nossas ideias, as nossas opiniões, de que estamos o mais das vezes persuadidos, embora os nossos assentimentos e as nossas persuasões muitas vezes se contradigam. Devemos pois aprender a regular o nosso assentimento e, para isso, a descobrir quais são os poderes e as possibilidades do entendimento. A acreditarmos na segunda Epístola de Pedro, I, 3, Deus deu-nos tudo o que nos conduz à vida e à piedade. O nosso espírito, se não pode compreender tudo no mundo, esclarece-nos suficientemente *para nos conduzir ao conhecimento do nosso Criador e à percepção dos nossos próprios deveres*, é em nós a *Candeia de Nosso Senhor*, de que falam os *Provérbios* do Antigo Testamento, XX, 27. A nossa preocupação não é pois conhecer todas as coisas, é conhecer o que interessa à nossa conduta e à moral. Poder-se-á achar que isto denigre o homem, encoraja-o à preguiça e condena-o a uma ignorância culpada. Mas trata-se antes de lhe ensinar a prudência e de o aconselhar a prestar atenção a todos os seus passos físicos ou intelectuais, para os dirigir mais pertinentemente.

1. *Rejeição das ideias inatas.* — O primeiro livro do *Ensaio* rejeita as ideias inatas, muito na moda nesta época. Citemos os nomes de três dos seus defensores, muito cotados nos meios filosóficos deste tempo, Herbert de Cherbury e o seu *De Veritate* (1624), e dois dos platónicos de Cambridge, Henry More, no seu *Antídoto Contra o Ateísmo* (1653), entre outros livros, e Ralph Cudworth, no seu *Verdadeiro Sistema Intelectual do Universo* (1678). Por algumas das suas teses, Locke não está longe destes três autores, mas opõe-se-lhes completamente no que diz respeito às noções comuns e às ideias inatas. Herbert de Cherbury indica cinco noções comuns: 1. Existe uma divindade suprema; 2. Devemos prestar um culto a essa divindade;

A FILOSOFIA

3. A virtude, juntamente com a piedade, é a parte essencial desse culto; 4. Devemos arrepender-nos dos nossos pecados e afastar-nos deles; 5. A nossa recompensa e a nossa punição resultam da bondade e da justiça de Deus numa vida ulterior. Para provar o carácter inato destas noções na espécie humana, faz apelo ao consentimento geral dos humanos em relação a elas. Ora, pensa Locke, esse consentimento é inútil, porque Deus, assim como nos deu a vista para percebermos os objectos exteriores, deu-nos também faculdades para atingirmos um conhecimento fácil e certo. Portanto, essa universalidade do consentimento não poderia provar o carácter inato dessas posições e, além disso, não existe. As crianças e os idiotas não as conhecem; não as percebem, nem mesmo proposições tais como *tudo o que é, é* ou *é impossível que uma coisa possa ao mesmo tempo ser e não ser*; estas duas proposições são os famosos princípios, ditos universais, de identidade e de contradição. Apenas possuímos a capacidade de os conhecer. Ora, diz-se, é essa capacidade que seria inata; não será então rejeitar a tese defendida? De facto, ser no entendimento, se esta expressão tem um sentido próprio, deve significar: a tese está já realmente entendida. Dir-se-á que os homens as conhecem efectivamente quando começam a fazer uso da razão? Isto poderia muito bem sugerir que os homens as descobrem pelo uso da razão; mas a razão é a faculdade do raciocínio; deduz verdades até então desconhecidas de princípios e de noções já conhecidas; como admitir que a razão possa ter necessidade de intervir para nos fazer entender aquilo que traz já consigo? Temos pois de pensar, em definitivo, que o assentimento concedido a estes princípios deve provir de outra faculdade.

Muitos iletrados e selvagens nunca chegam a descobrir estes princípios, que poderiam bem ser descobertos da mesma maneira que outras proposições que nunca ninguém tomou como inatas. Tais são, entre outras, as proposições matemáticas, que só compreendemos depois de nos termos exercido sobre as ideias gerais abstractas. Nota-se, neste domínio, que as proposições particulares são mais evidentes do que as proposições gerais e universais. E as mais gerais só nos são conhecidas se nos forem propostas. Só as compreendemos se as aprendermos progressivamente.

Menos ainda se pode falar de princípios práticos inatos; os princípios práticos não recebem o assentimento universal. Descobrimos a sua verdade por raciocínio, por um certo exercício do espírito. A justiça, que é o respeito dos contratos, só é aceite pelos bandidos e pelos ladrões nas relações que têm entre si; não se pode pois fazer dela um princípio inato. Pensar-se-á que, mesmo que a não ponhamos em prática, poderemos apesar disso acreditar nela no nosso foro interior? É por vezes identificada com o nosso desejo da felicidade e a nossa aversão pela infelicidade; mas trata-se de inclinações do apetite, e não de impressões da verdade sobre o entendimento. As regras morais, com efeito, precisam de provas para que as aceitemos. É preciso mostrar o seu carácter razoável, isto é, que dependem de uma regra anterior. Ora os diferentes homens não as deduzem das mesmas regras; o cristão tira-as da vontade de Deus; o ateu, da vontade da sociedade e do estado; um filósofo da Antiguidade achava-as conformes com a dignidade humana. E acontece muitas vezes que, no momento em que as aprovamos abertamente em abstracto e como regras da acção de outrem, o nosso interesse pessoal procure contorná-las. Se considerarmos com atenção a conduta dos diferentes homens, descobriremos rapidamente que a consciência moral depende da educação, do meio social em que vivemos e dos costumes do nosso país. Há princípios morais que se opõem uns aos outros; e mesmo nações inteiras rejeitam regras morais escrupulosamente observadas por outras nações. Mais ainda, há filósofos que fazem dos seus semelhantes puras máquinas; a observação visa evidentemente os cartesianos. Enfim, não será curioso que ideias capitais reclamem explicações, tais como as ideias de Deus, de lei, de obrigação, de punição, de vida futura, de inatismo? São aliás ideias tão gerais que hesitamos em precisar o seu sentido. Muitíssimas vezes, é a superstição de uma ama ou de uma velha que lhes dá o seu valor para as crianças. Quantas pessoas não são incapazes de reflectir, mais tarde, e de ajuizar do valor das opiniões que receberam, respeitando os ídolos que lhes propuseram?

O último capítulo deste primeiro livro do *Ensaio* volta a pensamentos análogos, para os ilustrar pelo exame de exemplos particularmente significativos. Mais acima, lembráramos que o prestígio de Locke fora utilizado por alguns libertinos em favor de um ateísmo franco, ou disfarçado numa certa espécie de racionalismo. Não é a impressão que se retira da leitura deste capítulo, e compreende-se igual-

A FILOSOFIA

mente como o libertinismo pôde abrigar-se por trás de Locke. Rejeita-se primeiramente a afirmação de que as ideias seriam inatas, pois seguimos as suas chegadas sucessivas ao espírito das crianças. A noção de identidade não pode conjugar-se facilmente com a percepção das mudanças incessantes que se produzem num ser humano. É um facto conhecido que uma criança não compreende a ideia de ressurreição; menos compreende ainda a ideia — e a significação — de um culto; da ideia de Deus, um número considerável de adultos não tem mais do que uma ideia vaga e confusa, e as crianças nem sequer possuem o seu nome. Esta ignorância pode parecer tanto mais extraordinária quanto a ideia de Deus é muito agradável à luz comum da razão e na medida em que há, na experiência quotidiana, marcas visíveis de um poder e de uma sabedoria extraordinários. Mas é preciso meditar para chegar a essa ideia, e nem todos os homens são capazes disso. Assim se explica que diferentes povos do mundo não tenham a mesma religião e que alguns cristãos, judeus e muçulmanos só o sejam muitas vezes de nome. E que cada homem se represente Deus à sua imagem.

Da mesma maneira, há outra palavra que os homens empregam em geral sem conhecerem o seu sentido; é a palavra substância; não descobrimos o que ela designa nem por sensação, nem por reflexão; não temos nenhuma ideia clara a seu respeito. Diz-se muitas vezes — e repetem-no grandes espíritos — que é o substracto das ideias que nós conhecemos, mas é uma ideia que nunca pôde ser percebida. Para julgarmos que uma ideia é inata, deveríamos percebê-la claramente ou, pelo menos, deveríamos lembrar-nos das circunstâncias nas quais a percebemos pela primeira vez, e da razão pela qual, o mais das vezes, esquecemos essa primeira aparição. É pois necessário pedir a todos os homens que pensem e meditem por si próprios.

E Locke continua, sublinhando: «A verdade foi o meu único desígnio; os meus pensamentos seguiram-na imparcialmente a toda a parte onde ela pareceu conduzir, sem se preocuparem de saber se as pegadas de outro homem se encontravam nessa via. E espero que não tomem como presunção o facto de eu dizer que deveríamos ter feito mais progressos na descoberta do conhecimento racional e na observação, se os tivéssemos procurado na própria origem, na consideração das próprias coisas, e se nos servíssemos dos nossos próprios pensamentos, em vez de procurarmos obtê-los dos entendimentos dos outros homens», cap. III, § 24. No livro II, acrescentará, em XI, 16/17: «Só posso falar daquilo que experimento em mim próprio... Não pretendo ensinar, mas apenas informar-me.»

2. *Ideias de sensação e ideias de reflexão, origem e natureza.* — Todo o homem tem consciência de que pensa e de que aplica então o seu espírito às ideias. Conheceríamos primeiramente sensações, que resultam da acção dos objectos exteriores sobre os nossos órgãos dos sentidos. Antes do nascimento, o feto, nos seus últimos meses, conhece já algumas ideias na matriz da mãe, como no-lo fazem saber os movimentos que executa sob as impressões de frio e de calor. Quais são então as suas primeiras ideias? É muito difícil dizê-lo, e igualmente difícil notar a sua ordem de aparecimento. É mais tarde que aparecem, provavelmente, as ideias de reflexão que, por uma espécie de sentido interno, actuam sobre as acções dos nossos espíritos; conhecemos assim imediatamente operações tais como perceber, pensar, duvidar, acreditar, raciocinar, saber, querer e muitas outras. Se as ideias de reflexão aparecem depois das ideias de sensação, é porque reclamam mais atenção para serem conhecidas.

A criança, à nascença, não traz consigo muitas ideias e, além disso, a alma não está sempre a pensar. Locke ajuíza, sobre este último ponto, de acordo com a sua experiência pessoal; ele é, declara, uma dessas almas espessas, que nem sempre pensam, sobretudo durante o sono. Além disso, se há pensamento durante o sono, parece que, o mais das vezes, nos não recordamos dele; aliás, como poderíamos saber que pensamos sem darmos por isso? Será preciso admitir igualmente que o nosso entendimento é inteiramente passivo a princípio e que não possui actividade nenhuma, sem o que não há ideia de reflexão?

As ideias são simples ou complexas; é fácil distingui-las. As ideias simples correspondem sem dúvida a qualidades frequentemente unidas umas às outras. Quando tocamos num pedaço de gelo, sentimos ao mesmo tempo frio e dureza; contudo, para o espírito, as duas ideias são tão distintas uma da outra como o cheiro e a brancura do lírio, ou como o sabor açucarado e o cheiro de uma rosa. Esta perfeita distinção das ideias simples no espírito, a despeito da união das qualidades nos corpos exteriores, corresponde em certa

A FILOSOFIA

medida à distinção de Galileu e de Descartes entre o corpo e a alma; poderia bem marcar uma certa independência desta em relação àquele e evocar um certo subjectivismo, que será afirmado mais firmemente pela distinção, retomada de Galileu e de Descartes, entre qualidades primárias e qualidades secundárias. Observemos apenas, por agora, que as ideias simples são de facto como a experiência no-las dá a conhecer; e que é perigoso querer torná-las mais claras para o espírito por meio das palavras, e querer substituir ou completar, pelo mesmo meio, a experiência imediata que delas temos; é exactamente como se pudéssemos tentar iluminar a escuridão do espírito de um cego com a ajuda de palavras sobre as ideias de luz e de cores. De entre as ideias simples de sensação, há algumas que nos são dadas por um só sentido; luz e cores vêm pelos olhos; ruídos, sons e tons, pelos ouvidos; sabores e cheiros, pelo nariz e pelo palato; mas outras introduzem-se em nós por mais de um sentido; as ideias de espaço e de extensão, de forma, de repouso e de movimento chegam até nós simultaneamente pelos olhos e pelo tacto.

Notemos também que toda a ideia é positiva, mesmo que a sua causa exterior seja a privação de uma qualidade; se ideias de calor e de frio, de luz e escuridão, de branco e preto, de movimento e de repouso são igualmente ideias claras e positivas. A ideia de sombra de um homem responde também a uma ausência de luz. Todavia, a quarta edição do *Ensaio* observa justamente que alguns nomes negativos representam, não ideias, mas sim a sua ausência; é o caso, entre muitos outros, de *insípido, silêncio, nada*. Em contrapartida, vemos a escuridão e percebemos a forma de um buraco escuro. Mas, retomando com maior prudência a observação precedente de que as ideias positivas podem provir de uma causa privativa, Locke interroga-se se, na realidade, o repouso não seria antes uma privação, mais do que movimento. Assim se manifesta mais uma vez a sua preocupação de só avançar afirmações verdadeiras e de reservar toda a opinião que não passe de simples hipótese apoiada em razões insuficientes, embora sedutoras para a opinião corrente. É ainda a mesma prudência que se exprime em dois passos muito próximos dos que acabamos de recordar, e que sugerem, no quadro da época, explicações muito vagas das relações entre a alma e o corpo: seria uma modificação do movimento dos espíritos animais que provocaria o aparente paradoxo de uma privação poder produzir um efeito positivo, ou então como que uma continuação do movimento dos corpos exteriores até ao cérebro, na qual haveria uma acção sobre os nossos sentidos de qualidades isoladamente imperceptíveis. Poderemos condenar, nesta época, tais tentativas de explicação? Não será antes preferível louvar os seus autores por terem recusado contentar-se com hipóteses pseudo-metafísicas? Distingamos, com Locke, as ideias, que são do espírito, das qualidades, que seriam medos materiais dos corpos exteriores; estas seriam inseparáveis dos corpos; por exemplo, encontrá-las-íamos todas, sempre igualmente presentes, mesmo nas diferentes partes de um grão de trigo. Qual é exactamente a sua natureza própria? Locke prefere não optar por uma explicação determinada. Classifica-as totalmente de acordo com o espírito científico do seu tempo e estabelece um modo de compromisso entre o mecânico e o espiritual; inspira-se aqui, mais uma vez, na distinção de Galileu e de Descartes entre qualidades primárias e qualidades secundárias. As primeiras são a solidez, a extensão, a forma, a mobilidade, que seriam qualidades reais nos objectos exteriores. As segundas nada são nos objectos, são as cores, os sons, os sabores, etc. Locke acha por bem acrescentar uma terceira categoria, a dos poderes, que são também qualidades reais nos objectos, mas que possuem a grande vantagem de poderem ser compreendidos como princípios de acção e dão do mundo uma visão mais dinâmica; talvez não seja mais, é verdade, do que uma transposição do poder activo da vontade; mas qual seria a explicação visada? Uma espiritualização do universo material a coberto de uma acção divina ainda incompreendida, ou uma simples relação de significação? A experiência bem conhecida da água que parece quente a uma das mãos e que dá à outra a impressão de frio é aqui invocada para ilustrar a ideia de poder; mas estas qualidades contrárias resultam de diferentes relações de temperatura; são, ao que parece, mais passivas do que activas.

O número das ideias simples de qualidades é considerável; muitas delas nem sequer têm nome particular, pois o papel da linguagem é facilitar o comércio entre os homens, e que um excesso de nomes traria mais estorvos do que vantagens. Analisemos agora as mais importantes das ideias examinadas por Locke.

A FILOSOFIA

Primeiramente, a ideia de solidez, que marca uma diferença considerável entre o pensamento de Locke e o de Descartes. Para o primeiro, a ideia de solidez é a ideia que recebemos mais frequentemente; é a solidez que preenche o espaço, visto que caracteriza os corpos; é ela que exclui a presença de qualquer outro corpo, no sítio onde a sentimos. Locke prefere utilizar a palavra solidez em vez da palavra impenetrabilidade; esta é negativa, aquela é positiva. A extensão do corpo difere da extensão do espaço; aquela é coesão e continuidade de partes sólidas, separáveis e móveis; esta é composta de partes não sólidas, inseparáveis e imutáveis. Este espaço puro, que é o de Descartes, é de ordem geométrica, e puramente intelectual. O espaço sólido, ao contrário, pertence à experiência concreta. Devemos reconhecer a franqueza desta tomada de posição: Locke vive num mundo material, embora não conheça a sua natureza profunda; só um mundo ideal poderia ser perfeitamente inteligível [2].

Antes de avançarmos mais, consideremos o caso das ideias simples de reflexão. Estas ideias não são inteiramente passivas, ao contrário das ideias de sensação; exprimem a actividade do espírito. Entendimento e vontade são dois poderes a que chamamos correntemente faculdades; estes poderes comportam inúmeros modos, alguns dos quais são: recordação, discernimento, raciocínio, julgamento, conhecimento, fé. O espírito aparece-nos agora, já não como um simples receptor, mas também como um agente, como um analista e um criador. Toma parte activa nos acontecimentos do mundo em que vive. Compreendemos também que haja igualmente ideias simples que sejam ao mesmo tempo de sensação e de reflexão; à cabeça destas encontram-se o prazer ou o arrebatamento, a dor ou o mal-estar, o poder, a existência e a unidade. As duas primeiras destas ideias simples combinam-se com quase todas as ideias do espírito e governam as nossas acções. Locke vê aqui, mais uma vez, a Sabedoria e a Bondade de Deus, que nos dotou de poderosos mecanismos de acção. Satisfação, alegria, prazer, felicidade ou mal-estar, perturbação, dor, tormento, angústia

---

[2] A rejeição dos universais e das essências reais das substâncias é igualmente inspirado nesta distinção entre o puramente inteligível ou o ideal puro e o real experimentado.

e miséria são diferentes graus desse poder, que se exerce sobre os nossos pensamentos e sobre o nosso corpo. A ideia de poder é uma ideia simples, embora evoque uma relação de uma natureza original; há sem dúvida outras relações nalgumas outras ideias simples, as de extensão, duração, número, forma ou movimento; mas estoutras ideias são muito diferentes. Há além disso duas ideias de poder, o poder activo e o poder passivo. Descobrimos o primeiro quando nos voltamos para os actos do nosso espírito, quer se refiram às nossas ideias ou aos movimentos do nosso corpo. O segundo, encontramos a sua ideia em todas as coisas sensíveis que conhecemos; todas elas se encontram em incessante mudança, e achamos que continuarão a mudar. Mas é só em nós próprios que encontramos a ideia do princípio de um movimento. Este poder inicial é a vontade, quer haja recusa da acção ou decisão de agir. É ao considerarmos este poder que chegamos às ideias de liberdade e de necessidade. Não somos livres de ter ou não ideias, quando estamos acordados; mas somos geralmente livres de usar as nossas ideias. Precisemos o problema que nos é posto; de facto, habitualmente, ele é muito mal enunciado, pois perguntamos se a nossa vontade é livre. O erro é produzido pela linguagem: só é possível atribuir-se a liberdade aos agentes. Com efeito, se a vontade é um poder e a liberdade um outro poder, não é possível perguntar se um poder tem um outro poder. Um poder não é mais do que uma relação; é o espírito que determina a vontade; infelizmente, habituámo-nos a tomar as nossas faculdades por duendes independentes, que habitam os nossos espíritos. Neste domínio da vontade, o maior privilégio dos seres finitos e inteligentes é o de poderem suspender os seus desejos; podem suspender a procura da felicidade enquanto não estão informados da natureza exacta da verdadeira felicidade. Se escolhemos fazer o pior, será isso realmente agir livremente? Será liberdade passar por parvo? Deus, o Todo-Poderoso, está submetido à necessidade de ser feliz; quanto mais nos aproximamos Dele, mais nos aproximamos da perfeição infinita e da felicidade. E constatamos que a contrariedade das decisões humanas resulta, não de nem todos os homens perseguirem o bem, mas sim de a mesma coisa não ser boa para todos os homens; a diversidade, que resulta da mistura do mesmo e do outro, faz ao mesmo tempo a singularidade de cada um e a seemlhança específica. — Convenhamos que,

A FILOSOFIA

sobre este ponto, a análise e a descrição traduzem bastante airosamente a natureza humana. Somos muito tentados a julgar que os ataques feitos a Locke, segundo os quais ele suprimia toda a liberdade ao fazer do mal-estar a única causa da acção voluntária, não tinham tomado em consideração os pormenores da sua argumentação. É certo que um mal-estar presente, mesmo mais fraco, exerce sobre nós uma acção mais forte do que a previsão de uma felicidade maior, mas também mais longínqua.

Ainda algumas das ideias de reflexão citadas por Locke. A primeira e a mais simples que possuímos é a faculdade de percepção, a que chamamos correntemente pensamento. Conhecêmo-la por experiência directa; as explicações verbais, por si sós, são insuficientes para a dar a conhecer. A percepção não pode ser conhecida se não houver impulsão vinda do corpo e se a atenção não estiver disponível, é uma conjunção de passividade e de actividade. Também o hábito, e um certo treino, desempenham aqui o seu papel; é o que nos mostra o caso do cego de nascença de Molyneux, o qual, depois de operado, não distinguia pela vista o cubo da esfera, enquanto antes os distinguia perfeitamente pelo tacto.

A faculdade de retenção é também muito importante; é a aptidão para fazer reviver as nossas ideias; intervêm a atenção, a repetição, o prazer e a dor. Há também a faculdade de discernimento, que exerce a sua influência sobre todo o resto dos nossos conhecimentos. As duas operações de discernimento e de distinção governam a evidência e a certeza de proposições muito gerais, que têm sido tomadas por ideias inatas. Dão exactidão ao julgamento e clareza à razão; de facto não basta ter muito espírito e a memória pronta para ter o julgamento claro e a razão mais profunda. É preciso possuir-se ainda acuidade intelectual, atenção e circunspecção. Comparar, compor e abstrair são também actos muito importantes, que permitem formar ideias gerais abstractas, e utilizar um mesmo nome para designar todas as ideias particulares semelhantes, sem multiplicar exageradamente o nosso vocabulário. Todas estas operações governam a formação de ideias complexas, de que distinguiremos três tipos diferentes, os modos, as substâncias e as relações.

As substâncias são coisas particulares distintas, que subsistem por si próprias; a ideia de substância é a primeira e a principal de todas as ideias; falamos de um homem ou de um carneiro. Há também ideias colectivas de várias substâncias reunidas, um exército ou um rebanho de carneiros. Temos a ideia de uma substância quando, por exemplo, constatamos que as ideias simples se apresentam sempre juntas; supomos então que pertencem a uma mesma coisa, damos-lhes um mesmo nome, que admitimos corresponder a uma ideia simples; temos então a ideia de um substrato. Este é um suporte das qualidades, não sabemos qual; solidez e extensão são ainda ideias; somos pois sábios à maneira daquele índio da anedota conhecida, que respondia que a terra é suportada por um elefante; que o elefante o é por uma tartaruga muito grande, e que a tartaruga assenta sobre qualquer coisa. Fazemos pois, da ideia de substância, uma ideia relativa e obscura, é uma combinação de ideias simples, com uma certa estrutura interna própria, mas também com uma essência desconhecida; é contudo algo mais do que a extensão, a forma ou a solidez. Não podemos pensar que as qualidades possam subsistir sozinhas sem o suporte do corpo, nem os actos intelectuais ou espirituais sem o apoio do espírito. Mas qual seja a natureza exacta do corpo ou do espírito, o problema está por resolver.

Todavia, admitimos o mais das vezes que há três tipos de substâncias, caracterizadas pela sua identidade própria. Há em primeiro lugar Deus, cuja identidade não suscita dúvidas, embora seja misteriosa para nós. Há a seguir os espíritos finitos, que começam a sua existência num tempo e num lugar definidos. Há por fim os corpos; e toda a partícula de matéria a que não podemos fazer adição nem substracção. É verdade que hoje seríamos obrigados a julgar que estas últimas identidades são mais difíceis de definir; de facto, estamos certos que se produz em toda a parte um devir, e em toda a escala, e que uma certa espécie de identidade persistiria, que podemos qualificar de continuidade ou de descontinuidade. Mas Locke conhece já o princípio de individuação dos seres vivos, que conservam a sua identidade ao longo de toda a sua existência a despeito de uma mudança de massa e de qualidades, bem como da modificação incessante das suas diversas partes. Uma massa de matéria conserva a sua identidade pela coesão das suas diversas partes; um ser vivo está, além disso, sob a acção da disposição das suas partes; há nele uma organização concreta, cuja constituição é governada desde dentro. A iden-

A FILOSOFIA

tidade de um ser tão complexo como um homem provém da dupla participação do seu corpo e do seu espírito numa mesma vida; se só existisse o espírito, o mesmo homem poderia talvez reviver em épocas várias; seria um retorno a doutrinas assaz hipotéticas: a transmigração, e metempsicose ou as migrações para corpos de animais. É preciso haver o mesmo corpo, a mesma forma e a mesma pessoa para haver identidade. Os cartesianos pensam que é necessário um espírito imaterial; ora o corpo faz o homem, tanto como a alma; os pitagóricos pensavam que uma alma podia conservar a sua identidade mesmo mudando de corpo. Mas não será preciso acima de tudo que este homem conserve a consciência dos seus actos? É esta consciência que funda a identidade de um ser pensante, é ela que funda o princípio do direito e da justiça, toda a recompensa e toda a punição. Alguns interrogaram-se sobre o que a linguagem corrente entendia por *estar fora de si* e por outras expressões deste género. Não estará toda a dificuldade aqui, na linguagem, que se esforça por traduzir, atabalhoadamente, a complexidade da natureza humana?

Este longo inventário de todas as ideias que se encontram no entendimento humano faz-nos conhecer os diversos elementos do nosso conhecimento; deve ser completado por uma relacionação de todos estes elementos e por um exame aprofundado do sentido das palavras que nos servem para traduzir as nossas ideias.

3. *Os perigos da linguagem.* Locke acha útil proceder primeiramente ao estudo da linguagem; é um instrumento de comunicação, muito útil, das nossas ideias e dos nossos pensamentos; mas, pela sua presença sensível, impõe-se ao nosso interesse de modo mais vivo que as ideias. Como acontece muitas vezes, o signo desloca o significado e expulsa-o para o fundo do espírito, e o estático, pela sua persistência real ou suposta, faz esquecer o movimento da realidade. O exame dos nossos conhecimentos deve começar sempre pela crítica da linguagem, precisando o seu sentido.

Locke desconfiou desde muito cedo do sentido das palavras abstractas e a sua desconfiança aumentou ainda quando equacionou o problema do valor do conhecimento; é esta a razão que o fez consagrar todo um livro do *Ensaio*, o terceiro, ao estudo da linguagem, para preparar as suas observações sobre a natureza do conhecimento.

LOCKE

Neste estudo, Locke retoma a princípio o método que tinha empregado antes para rejeitar as ideias inatas; estuda a maneira como a linguagem se forma na criança e no indivíduo. Se as palavras são gerais, embora todas as coisas sejam particulares, é porque as ideias se tornam muito rapidamente gerais, ao passo que, ao princípio da primeira infância, todas as ideias são particulares. «Mamã», «ama», estas duas palavras designam em primeiro lugar, cada uma delas, uma pessoa particular que a criança reconhece, como se pode constatar, por sinais particulares, mesmo imperfeitamente distinguidos. É certo que Locke pensa na percepção de pormenores captados em primeiro lugar por certos traços da sua particularidade, e captados pelos sentidos ainda obtusos da criança. Mas depressa aparece uma certa actividade, que afina a percepção dos pormenores e é completada pela comparação de traços análogos de pessoa a pessoa. A reflexão volta a debruçar-se sobre as sensações análogas e confunde-as a princípio, ao mesmo tempo que suspeita da sua diversidade. É então que nascem as ideias gerais; dito de outro modo, a criança simplifica as sensações particulares amputando-as de todos os pormenores individuais próprios de cada sensação particular; não resta senão um halo confuso à volta dos elementos comuns a todas as ideias análogas, que dá mais força aos elementos análogos; descobre-se o mesmo padrão sob silhuetas diferentes, e as palavras, que eram outros tantos nomes próprios, tornam-se nomes gerais, que podem por vezes designar, não já apenas traços específicos, mas também analogias de funções; já não há só uma ama, há mulheres que desempenham papéis análogos junto de crianças diferentes; há agora analogias específicas, onde antes havia situações originais; o mundo torna-se mais compreensível, mas também por certo demasiado estereotipado. É dominado pelas ideias abstractas; estas tornam-se mais reais do que os indivíduos particulares; o mistério dos géneros e das espécies faz-se sentir, e os filósofos são levados a tomar as palavras e as ideias, os signos e os significados, por imagens das estruturas profundas das coisas exteriores.

Uma vez mais, Locke não está longe do meio-subjectivismo de Descartes, e este só escapa ao subjectivismo completo por uma capitulação ao essencialismo, que abaixa Deus ao alcance do homem; porque não se pode dizer que eleve o homem ao nível de Deus. Locke não deixa de reconhecer que as qualidades secundárias são puras ideias no espírito

A FILOSOFIA

humano; mas admite que as ideias primárias respondem a qualidades que existem realmente nos corpos exteriores; encontramos aqui, de novo portanto, a distinção de Galileu, que se apoia nos progressos quantitativos da mecânica daquele tempo. O hiato entre o quantitativo e o qualitativo ainda não está todavia explicado; estará ele realmente explicado, mesmo hoje? O recurso às formas substanciais ou às essências reais e aos universais não passa de um artifício; transporta-se para o real exterior o que é um ponto de vista humano; desgraçadamente, formas substanciais e essências inteligíveis permanecem ininteligíveis se nos recusarmos a fazer delas mais do que simples visões humanas. Como poderiam elas ser modelos de origem divina, os planos de um Deus que nos é incompreensível? Para Locke, Deus não nos deu outro conhecimento além do que se refere à moral e à prática; assim, o nosso filósofo não pode ser senão tolerante, e latitudinário, segundo a expressão da época. As Igrejas, com as suas particularidades de culto e de práticas, são de instituição humana; o verdadeiro cristianismo é uma revelação que a Palavra de Deus nos faz ouvir; mas quem pode pretender ter compreendido bem textos que a tradição humana pode ter adulterado? Quem pode gabar-se de possuir o Espírito Santo? Quem pode alguma vez deixar de estar vigilante? É pois preciso que nunca esqueçamos a nossa ignorância das essências reais; um metal tal como o ouro, que pensamos conhecer bem, ainda não nos revelou todas as suas qualidades profundas. Ainda temos muito que descobrir; não devemos pois espantar-nos se existirem seres monstruosos no nosso universo; mas como ousamos falar de monstros num caso destes, como se Deus nos tivesse revelado a natureza essencial de uma espécie animal? Locke pensa observar, como pode fazê-lo um médico que conhece necessariamente as diversas anomalias humanas, que os corpos — ou os espíritos — a que por vezes chamamos monstruosos, não estão de modo nenhum fora das espécies naturais; não estão fora da natureza, e são demasiado aparentados com aqueles a que chamamos normais para os podermos considerar como formando classes à parte.

É muito provável que Locke conceda mais realidade ao cambiante de que ao estático; ele admite pelo menos a diversidade e o compromisso das realidades experimentais.

4. *Conhecimento e probabilidade.* Com o quarto livro do *Ensaio*, chegamos por fim ao assunto que suscitara as vivas

LOCKE

discussões no grupo dos amigos de Locke; mas havia tantas precisões a fazer antes de abordar a questão essencial que as novecentas páginas da obra não eram inúteis. Havia que seguir a formação das numerosas ideias humanas em função da experiência quotidiana, que analisar reflexivamente todas essas ideias, que considerar o papel fixador da linguagem, enfim, que apreciar os resultados de todo esse trabalho, o que faz o quarto livro.

Neste último livro, encontramos ideias e pensamentos já estudados anteriormente; mas Locke situa-se aqui num mais alto grau de generalidade e de complexidade, procede também a revisões e modificações. O plano estabelece-se, nas suas linhas gerais, da maneira seguinte: estudo do conhecimento, tal como ele a entende, sempre certa e verdadeira, nas suas duas formas, a intuição e o conhecimento; examina em seguida a razão, que se exerce também de duas maneiras diferentes, visto que nos dá a certeza ou a probabilidade; é por fim um grande assunto, que é de todos os tempos, as relações entre a fé a razão.

O estudo do conhecimento parece inspirar-se nas *Regras para a Direcção do Espírito*, deixadas inacabadas por Descartes mas que circulavam então nos meios filosóficos franceses sob forma manuscrita. Não é impossível que Locke delas tenha tido conhecimento, quer em Paris, quer em Montpellier, quer mesmo na Holanda. Há parentescos indiscutíveis entre os dois filósofos; com efeito, ambos admitem que só há verdade e certeza plena e inteira pela intuição; é a percepção do acordo ou do desacordo entre duas ideias pela comparação imediata dessas duas ideias. Nem sempre é possível confrontar directamente as duas ideias. É então preciso procurar ideias intermédias, que constituirão um encadeamento de intuições sucessivas. Este raciocínio faz pois apelo à memória, que deve conservar a recordação precisa das comparações sucessivas. Mas a memória nem sempre é fiel; portanto, a demonstração não é tão certa como a intuição. Locke observa também que a demonstração requer a intervenção de uma faculdade particular do espírito, a sagacidade, que é a aptidão para orientar a sucessão das ideias intermédias. Frisa além disso que o nosso conhecimento não abrange toda a natureza, nem sequer todo o campo das nossas ideias. Por exemplo, as nossas ideias do quadrado e do círculo são perfeitamente claras e distintas, e todavia não sabemos como estabelecer a quadratura do círculo, nem o saberemos tão cedo, sem dúvida. Ignoramos igualmente quais sejam as verdadeiras naturezas da matéria e do pensamento, e não sabemos como estabelecer as relações entre essas duas realidades.

Encontramos aqui uma outra dificuldade: só conhecemos imediatamente as nossas ideias; a intuição só pode ser a percepção imediata do acordo ou do desacordo das nossas ideias entre si, ou da sua conexão e da sua ausência de conexão. Se não há percepção intuitiva, captada no momento, não há conhecimento actual, sempre necessário para haver plenamente verdade e certeza; Locke admite todavia um conhecimento habitual, que é conhecimento de uma proposição precedentemente constituída e que permaneceu na nossa recordação. Nesta situação, o espírito pode ficar convencido, mas sem conservar a plena clareza das suas provas.

O homem atinge a verdade e a certeza quando usa a razão; mas esta palavra, *razão,* tão ambígua, tem necessidade de ser precisada. Os homens designam muitas vezes, por este nome, princípios claros e verdadeiros, sobre cuja origem poderemos interrogar-nos. Locke não volta a abordar aqui a sua rejeição do inatismo, que continua a considerar válida. A razão pode ser também raciocínio, boas e claras deduções; e entende-se ainda por esta palavra a causa, e especialmente a causa final; nestes dois últimos sentidos, a razão explica o aparecimento e a justificação de um acontecimento ou de uma coisa, quer pelo passado, a causa, quer pelo futuro, a causa final. Mas Locke emprega ainda esta palavra de outro modo; é uma faculdade humana que distinguiria os homens dos animais e na qual aqueles levam evidentemente a melhor sobre estes. A razão serve para o alargamento do nosso conhecimento e governa o nosso assentimento; contém duas das nossas faculdades, a sagacidade e a inferência ou *illatio*; é pois poder de descoberta e conduz--nos a proposições mais gerais do que aquelas que estabelecíamos nos nossos primeiros anos.

Insistamos neste ponto do vocabulário de Locke. Hoje tem-se o cuidado de distinguir a indução da dedução. Com Locke e Descartes, todo o raciocínio é progresso do espírito, quer se trate de uma descida do geral ao particular ou de uma subida do particular ao geral. O silogismo, tão na moda na Idade Média, é recusado nos Tempos Modernos. Locke, tal como Descartes, não distingue, ao contrário de muitos hoje, a indução da dedução; além disso, pensa que

LOCKE

o silogismo, se não é realmente condenável, é contudo inútil; sê-lo-ia pelo menos se não houvesse homens apaixonados pelas discussões, aos quais convém lembrar que se deve acabar com as discussões puramente verbais. Aliás, se os silogismos têm algumas vantagens nas escolas, as formas escolásticas de raciocínio provocam erros, em razão da sua complicação, e a sua abstracção é uma armadilha para o espírito. Esta crítica do silogismo, declara Locke, não visa de modo nenhum diminuir o prestígio que Aristóteles conserva no espírito de certos filósofos; Aristóteles foi um dos maiores entre os pensadores da Antiguidade; a largueza das suas opiniões, a penetração do seu pensamento e a força do seu julgamento colocaram-no acima de inúmeros homens; pode mesmo dizer-se que todo o raciocínio correcto pode ainda exprimir-se sob forma silogística; mas a descoberta de uma nova conclusão não é obra do silogismo. A verdadeira dedução, que é inferência, é obra da sagacidade.

É preciso lembrar agora que Locke viveu na sociedade de Newton e apreciou-o muito, que ele próprio foi um apaixonado de medicina, e poderíamos quase dizer de fisiologia. Todavia, interrogava-se sobre se alguma vez a «filosofia da natureza» seria uma ciência autêntica; uma ciência que possuiria a certeza. Sobre este ponto, a opinião de Locke não variou. Desde o princípio do *Ensaio* que o nosso filósofo afirma que não conhecemos todas as qualidades das substâncias, que nos falta ainda descobrir outras, particularmente aquelas que são tão minúsculas e imperceptíveis que precisamos ainda de criar outros métodos de observação para as descobrir. A ciência da natureza nunca é senão provável. É verdade que a probabilidade comporta muitos graus, e que o mais alto grau de probabilidade está muito próximo da certeza; mas temos sempre que descobrir novas proposições.

Este probabilismo poderia explicar igualmente a atitude de Locke em relação à religião e à fé. Esta é uma asserção que assenta no crédito pessoal de quem propõe a revelação. Compreende-se a convicção de Paulo na sequência da revelação que o atingiu a caminho de Damasco; mas como poderia Paulo ter exposto a outros homens as novas ideias simples por si recebidas aquando dessa revelação? Viveu-as de maneira indubitável, viu-as confirmadas pelas suas consequências; mas não pode comunicá-las a outros; é como um homem que quisesse revelar a um cego de nascença o que é a ideia do vermelho. Mas Paulo não pode negar-se a si própria a sua experiência pessoal.

Devemos pois distinguir cuidadosamente a revelação tradicional de uma revelação original; esta tem a sua autenticidade própria, que resiste ao exame da razão, e a sua fraqueza detectada; a primeira deve igualmente ser submetida à crítica da razão, mas para se deslindar o seu valor.

É certo que Deus, que nos deu a razão para nos conduzirmos na vida quotidiana, não se privou da revelação; mas utiliza-a para comunicações privilegiadas; não quis contradizer-se e rejeitar inteiramente a razão, que nos deu como um instrumento habitual do nosso conhecimento; apenas limitou o seu uso à nossa experiência quotidiana; e o testemunho de outrem faz parte dessa vida quotidiana.

Compreende-se assim a posição religiosa de Locke, a sua posição política, e a sua grande tolerância. Compreende-se também a sua atitude em relação à moral, da qual faz uma ciência à maneira das matemáticas do seu tempo. Nem a geometria euclidiana, nem a moral, que propõe regras de comportamento que os homens nunca aplicam rigorosamente, são ciências da experiência; propõem normas idealizadas, fins visados, sempre demasiado longínquos para as nossas forças e a nossa acuidade intelectual; são «*zonas limites*», que nunca podemos reconhecer e determinar.

Tem-se dado, da posição filosófica e religiosa de Locke, interpretações muito diferentes no mesmo tempo e através dos séculos, em função das opiniões pessoais dos comentadores e dos críticos. Lembrámos acima que Locke foi considerado pelos libertinos do seu século como um dos seus que se teria abrigado por trás de um teísmo de fachada. Contudo, Locke concedera expressamente um lugar à revelação a que chamava original, aquela feita pelo próprio Deus a um homem particular; Locke só rejeitava a revelação tradicional, que era adulterada pela acção da opinião humana. O bispo de Worcester, Stillingfleet, acusava-o de antitrinitarismo; Locke julgava-se um latitudinário. Leibniz considerava-o um novo Aristóteles, enquanto, em contrapartida, se tinha a si próprio como um novo Platão. No fim do século XIX, Green julgava-o segundo as regras da dialéctica neo-hegeliana e tentava interpretá-lo no sentido de um certo idealismo; no mesmo momento, outros filósofos pensavam-no empirista. Comentadores contemporâneos tiveram-no por um espiritualista, ou antes, por um subjectivista, mais confirmado do que Descartes. É certo que as qualidades primárias e as qualidades secundárias de Locke são análogas às qualidades primeiras e às qualidades segundas de Descartes; ambos os filósofos se reclamam da mesma distinção de Galileu, e estão a par do pensamento científico do seu tempo; mas as suas filosofias não são análogas. É verdade que Locke pensa, como Descartes, que se atinge Deus, o Ser Supremo, por um raciocínio certo; mas convém que Deus é, para nós, incompreensível e recusa que possamos possuir o conhecimento das essências reais das coisas. Locke recusa também que possamos sentir dúvidas sobre a realidade daquilo que percebemos pela sensação e pelas ideias que esta nos transmite; a dúvida metódica não pode existir, segundo ele; e a probabilidade que nos dá o conhecimento sensível está quase ao nível do conhecimento certo e autêntico, aquele que se refere às ideias matemáticas ou morais. Contudo, os nossos contemporâneos falam de subjectivismo completo em Locke porque, para este, as ideias de sensação que conhecemos são-nos internas; mas as qualidades primárias respondem directamente e com uma adequação suficiente às qualidades próprias dos corpos exteriores; o mesmo não acontece com as qualidades secundárias, que respondem a poderes activos nos corpos exteriores. Talvez os nossos contemporâneos queiram dizer que, mesmo para as qualidades primárias, não há completa objectividade no conhecimento das essências reais das ideias matemáticas. Assim acontece com a ininteligibilidade da quadratura do círculo, de que não sabemos dar uma demonstração, como com a ininteligibilidade das ideias da filosofia da natureza, da física ou da fisiologia, como diríamos hoje. Não conhecemos todas as qualidades que constituem a essência real das substâncias corporais; nem sequer conhecemos todas as qualidades que poderiam combinar-se na essência nominal dessas substâncias. Nunca chegaremos a esgotar a sua natureza. O nosso conhecimento do mundo objectivo é pois incompleto. É seguramente possível, mas isso não quer dizer que não tenhamos um conhecimento suficientemente provável das diversas qualidades que percebemos. Não nos é permitido, sobre este ponto, nenhum cepticismo. Deus deu-nos um género de conhecimento suficientemente provável que nos permite responder às nossas necessidades práticas

A FILOSOFIA

e às nossas necessidades morais; pouco importa, pois, que não possuamos o conhecimento perfeito e a plena inteligência de toda a realidade. Não somos pequenos deuses, mesmo em miniatura. O nosso conhecimento possui um certo valor objectivo; não estamos completamente fechados em nós próprios.

EXTRACTOS

Eis agora alguns textos extraídos do Ensaio Sobre o Entendimento Humano. *Outros textos poderiam certamente vir juntar-se aos primeiros, trazendo novas precisões. Mas tratava-se aqui, antes de mais, de criar uma atmosfera intelectual e espiritual suficientemente significativa do nosso filósofo e que satisfizesse a curiosidade do leitor sem o submergir com os pormenores e precisões que o especialista exigiria. Este poderá sempre recorrer às cerca de novecentas páginas do* Ensaio *e conferir as muitas reconsiderações e correcções do autor.*

Há que fazer notar, por outro lado, que, por razões de concisão, se fizeram por vezes alguns cortes. Tais cortes, quando suprimem parágrafos inteiros, numerados por Locke, notam-se pela ausência de um ou de vários números; quando foram feitos no interior dos parágrafos, são indicados por reticências; reduziu-se ao mínimo esta segunda espécie de cortes.

As traduções são novas e comprometem apenas a responsabilidade do autor.

I. Objectivo e método

1) Objectivo do «Ensaio»

Não pretendo publicar este *Ensaio* para informar os homens de pensamento largo e de rápida compreensão; de tais mestres do conhecimento me declaro eu discípulo; por isso os previno para que nada esperem deste ensaio senão que, tecido pelas minhas próprias ideias tão imperfeitas, seja mais indicado para servir os homens de envergadura como a minha; os quais talvez aceitem de bom grado que eu me tenha dado a algum trabalho para tornar claras e familiares aos seus pensamentos verdades que os preconceitos tradicionais ou a própria abstracção das ideias poderiam tornar de difícil compreensão. Alguns objectos requerem ser vistos por todos os ângulos: e quando a noção é nova, como, confesso, algumas o são para mim, ou alheia a qualquer caminho habitual, como suspeito que se afigurarão a outros, não é um simples olhar que lhe proporcionará o acesso a todo o entendimento, aí a fixando numa impressão clara e duradoura. Creio que são poucos os homens que não terão reparado em si mesmos ou em outros que, sendo muito obscura uma certa maneira de propor uma opinião, outra maneira de a exprimir a tornará muito clara e inteligível; e no entanto, o espírito descobria depois pouca diferença entre essas duas maneiras de exprimir e espantava-se que a primeira maneira não tivesse permitido tão boa compreensão como a segunda. Mas nem tudo age do mesmo modo sobre a imaginação de todos os homens. Os nossos entendimentos não diferem menos entre si que os nossos paladares; e aquele que pensa que a mesma verdade será igualmente saboreada por todos quando apresentada da mesma maneira poderá igualmente esperar que todos se deleitarão com o mesmo tipo de cozinhado: a carne pode ser a mesma e a comida igualmente boa, e, no entanto, nem todos a poderão receber temperada do mesmo modo; é preciso que seja preparada diferentemente se se quiser que seja digerida por alguns, mesmo fortemente constituídos. A verdade é que aqueles que me aconselharam a publicar este *Ensaio* me aconselharam a publicá-lo tal como está por esta razão. Já que fui levado a permitir a sua divulgação, desejo que seja compreendido por quem quer que se dê ao trabalho de lê-lo. Sou tão pouco inclinado a ver-me impresso que se não tivesse sido encorajado pela certeza de que este *Ensaio* poderia ser de alguma utilidade para os outros, como o foi para mim, o teria reservado para os olhos de alguns amigos que me haviam proporcionado a oportunidade de escrevê-lo. Dado que a razão que me levou a mandá-lo imprimir se encontra na intenção de ser tão útil quanto possível, penso

EXTRACTOS

que devo tornar o que tenho para dizer aos leitores tão fácil e inteligível quanto possível. Prefiro que os especulativos de espírito rápido se queixem que sou fastidioso em certos passos a que um homem que não está habituado às especulações abstractas ou que está predisposto para opiniões diferentes se engane e não compreenda o sentido que tenho em mente...

... E a rectidão da minha intenção deve fazer desculpar, de alguma maneira, a indignidade do que ofereço. Essa é a minha principal garantia perante o receio das críticas que não espero evitar mais que os melhores autores. Os homens têm princípios, noções e gostos tão diferentes que é difícil encontrar um livro que agrade ou desagrade a todos os homens. Reconheço que a época em que vivemos não é a que está mais privada de conhecimentos e que, por conseguinte, não é a mais fácil de satisfazer. Se não tiver a fortuna de agradar, ninguém mo deve levar a mal. Digo francamente a todos os leitores, excepto a uma meia dúzia, que este tratado não lhes era originariamente destinado e que, por conseguinte, não têm que preocupar-se em pertencer ao número dos que ficam agradados. Todavia, se algum deles achar por bem irritar-se com esta obra e denegri-la, pode fazê-lo com toda a segurança: encontrarei meio melhor de utilizar o meu tempo sem ser nesta espécie de conversação. Terei sempre a satisfação de me ter esforçado por aproximar-me da verdade e da utilidade, mesmo se de maneira muito modesta. A república do saber não carece neste momento de mestres-de-obra, cujas intenções poderosas relativas ao progresso das ciências deixarão à admiração da posteridade monumentos duradouros. Mas nem todos devem esperar ser um Boyle ou um Sydenham; numa época que produz mestres tais como o grande Huygens e o incomparável Newton e mais alguns desta têmpera, é suficientemente ambicioso empregar-se como ajudante que limpa um pouco o terreno e que remove alguns dos detritos que atravancam a estrada do conhecimento; esta teria certamente progredido muito mais no mundo se os esforços dos homens engenhosos e trabalhadores não tivessem sido entravados pelo uso erudito, mas frívolo, de termos inadequados, afectados e ininteligíveis introduzidos nas ciências e dos quais se fizera, a tal ponto, uma arte que a filosofia, que não é senão o verdadeiro conhecimento das coisas, foi julgada mal equipada e incapaz de ser introduzida numa sociedade aristocrática e numa conversação comedida. Formas de linguagem vagas e sem significado e abusos de linguagem passaram durante tanto tempo por mistérios da ciência e palavras baralhadas e mal empregues, com pouco significado ou até sem sentido algum, têm, por decreto, tal direito a serem tomadas, sem razão, como saber profundo e alta especulação que não será fácil persuadir os que as pronunciam ou as ouvem que elas não são mais do que encobrimentos da ignorância ou obstáculos ao verdadeiro conhecimento. Forçar o santuário da vacuidade e da ignorância prestara, creio eu, algum serviço ao entendimento humano; no entanto são poucos os homens que são levados a pensar que decepcionam ou que ficam decepcionados pelo uso das palavras, ou que a linguagem da seita de que fazem parte inclui palavras que é preciso estudar e corrigir. Espero, portanto, que me perdoarão ter-me alongado sobre este assunto, esforçando-me por mostrar com evidência que nem o carácter inveterado do mal nem a preponderância da moda são desculpas para os que recusam preocupar-se com o sentido das palavras que empregam e não suportam que outras possam procurar o real sentido das expressões por eles empregues. (*Epître au lecteur*, pp. 11 a 13 e 13 a 15).

2) *Valor da independência do juízo, perigo da crença cega*

24. Na medida em que nós mesmos consideramos e descobrimos a verdade e a razão, nessa medida possuímos o conhecimento real e verdadeiro. A deriva das opiniões dos outros homens nos nossos cérebros não nos traz o menor conhecimento, mesmo que essas opiniões fossem verdadeiras. O que neles é ciência não é em nós senão casmurrice enquanto dermos o nosso assentimento apenas a nomes veneráveis e não usarmos, como eles, a nossa própria razão para compreendermos as verdades que os tornaram famosos. Aristóteles era decerto um sábio, mas ninguém pensa que ele o tenha sido por ter abraçado cegamente e transmitido confiantemente as opiniões de outrem. Ora, se, por ter tomado os princípios de outros, sem examinar, não se teria tornado filósofo, penso que a mesma atitude tornaria dificilmente filósofo outro homem. Nas ciências, cada um possui tanto quanto sabe e compreende realmente. Aquilo que apenas se acredita e se recebe confiantemente não são mais que

EXTRACTOS

pedaços; estes, ainda que se encontrem efectivamente no todo, não constituem acréscimo considerável do conjunto. Essa riqueza de empréstimo, tal como a prata das fadas, ainda que fosse ouro nas mãos de quem a recebemos, não será mais que papel e poeira quando formos a servir-nos dela.

25. Quando os homens descobrem proposições gerais indubitáveis, eu sei que, uma vez compreendidas, é de maneira rápida e fácil que concluem que são inatas. Apenas acolhida, esta opinião alivia os preguiçosos das fadigas da investigação incerta acerca de tudo o que anteriormente se dizia inato. Não foi pequena vantagem para os que se armavam em mestres e professores de proceder do mesmo modo com respeito aos princípios e afirmar que não se deve pô-los em dúvida. Pois, uma vez estabelecido o dogma da existência dos princípios inatos, os seus fiéis viram-se na necessidade de aceitar certas doutrinas enquanto tais, o que os aliviava do uso da razão e do juízo pessoal e os levava a crer e aceitar confiantemente as opiniões sem mais exame; graças a esta atitude de credulidade cega, era possível governá-los mais facilmente e isso era útil aos homens de qualquer espécie que tivessem as aptidões e as funções requeridas para lhes darem princípios e guiá-los. Não é pequeno o poder que se dá a um homem ao oferecer-lhe sobre outro a autoridade de ditar os princípios e de ensinar verdades postas como indiscutíveis e de fazer engolir a um homem, como sendo princípio inato, o que pode servir os objectivos daquele que o ensina. Se tivessem examinado o modo como os homens alcançam muitas das verdades universais, teriam descoberto que essas verdades nascem, nos espíritos humanos, a partir das próprias coisas quando as consideramos devidamente, graças à aplicação das faculdades que são naturalmente apropriadas para as percepcionar e julgar quando convenientemente exercitadas.

26. Mostrar como procede neste caso o entendimento é o intuito da exposição que se segue. Vou-me aplicar a ela após ter indicado que, até agora — para iluminar o caminho para esses fundamentos que são, penso, os únicos verdadeiramente capazes de estabelecer as noções que podemos ter do nosso conhecimento — me foi necessário dar uma explicação das razões por que tinha que duvidar da existência

de princípios inatos. Dado que os argumentos que contra eles se elevam provêm, pelo menos alguns, de opiniões admitidas comummente, foi obrigado a aceitar como adquiridas certas coisas, o que é dificilmente evitável por aquele que deve mostrar a falsidade ou a improbabilidade de qualquer dogma. Acontece com as controvérsias o mesmo que acontece com o assalto a uma cidade: se o terreno onde as baterias estão implantadas não é firme, ninguém se preocupa com saber quem o cedeu ou a quem ele pertence; assim também, na parte seguinte da minha exposição, que tem o objectivo de erguer um edifício que tenha unidade e coerência, desde que a minha experiência pessoal e a minha observação a isso me ajudem, espero assentar sobre essa base este edifício, sem necessitar de ampará-lo com escoras e contrafortes apoiados em bases de empréstimo e esmoladas, ou, pelo menos, se a minha construção viesse a revelar-se um castelo no ar, quero esforçar-me para que seja feito de uma peça só e que o conjunto fique suspenso em bloco. Previno, pois, o leitor, para que não espere encontrar demonstrações absolutamente irrefutáveis, a menos que me conceda o privilégio, que pressupomos raramente que os outros nos concedam, de considerar como adquiridos os meus princípios; então não duvido de poder também demonstrá-los. Tudo o que direi dos princípios de que parto é que apenas apelo para a experiência própria dos homens livres de preconceitos e para a sua observação, seja ela verdadeira ou não. Basta que um homem não faça profissão de nada mais do que propor, simplesmente e com toda a liberdade, as suas próprias conjecturas acerca de um assunto que conserva alguma obscuridade, sem outra intenção que não a de levar avante uma investigação da verdade, isenta de todo o preconceito (Liv. I, cap. III, §§ 24 a 26).

II. Ideias de sensação e reflexão: sua natureza.
Nossas ideias principais

1) *Origem das nossas «ideias»*

1. Todo o homem tem consciência de que pensa e que o seu espírito se aplica, quando pensa, a *ideias* que tem em si; está, pois, fora de dúvida que os homens tenham no espírito ideias como as de *brancura, dureza, suavidade, doce,*

pensamento, homem, elefante, embriaguês e outras ideias; devemos primeiramente perguntar-nos como é que o espírito as obtém.

2. Suponhamos, pois, que o espírito é, como afirmamos, uma folha branca de papel, virgem de qualquer sinal, sem nenhuma ideia: como é que vem depois a recebê-las? De onde lhe vem esse vasto equipamento que a imaginação humana, sempre a trabalhar e sem limites, nela pintou com uma variedade quase infinita? Respondo com uma palavra: da *experiência*. É nela que se funda todo o nosso conhecimento, é dela que em definitivo ele deriva. A nossa observação aplicada, quer aos objectos sensíveis externos, quer às operações internas, por nós percepcionadas e reflectidas sobre nós, eis o que fornece aos nossos entendimentos todos os materiais do pensamento. Eis as duas fontes do conhecimento de onde brotam todas as ideias que temos, ou que naturalmente podemos ter.

3. Em primeiro lugar, os nossos sentidos, virados para os objectos particulares, conduzem para o nosso espírito diversas percepções distintas das coisas consoante as maneiras diferentes como esses objectos os afectam. É assim que chegamos a ter as ideias de *amarelo, branco, quente, frio, macio, duro, amargo*, doce e todas as ideias que apelidamos de qualidades sensíveis. Quando digo que os sentidos as conduzem ao espírito, quero dizer que, a partir dos objectos exteriores, eles conduzem ao espírito aquilo que produz essas percepções. À grande fonte da maior parte das nossas ideias, que dependem totalmente dos sentidos e que são, por eles, conduzidas ao entendimento, chamo eu sensação.

4. Em segundo lugar, a outra fonte, a partir da qual a experiência fornece ideias ao entendimento, é a percepção das operações do nosso espírito próprio, quando este se aplica às ideias que recebeu; estas operações, quando a alma vem a virar-se para elas e a considerá-las, proporcionam de facto ao entendimento outro lote de ideias, que ela não poderia obter das coisas externas. Tais são as ideias de *percepcionar, pensar, duvidar, crer, raciocinar, saber, querer* e todas as diferentes acções dos nossos próprios espíritos, de que temos consciência e de que recebemos efectivamente ideias distintas quando as observamos nos nossos entendi-

mentos, tal como fazemos com os corpos que afectam os nossos sentidos. Esta fonte das nossas ideias que todo o homem possui em si inteiramente não pode ser sensação; pois ela nada tem que ver com os objectos externos, mostrando embora com ela [a sensação] uma grande parecença, podendo mesmo chamar-se com bastante pertinência um *sentido interno*. Mas, dado que chamo à primeira sensação, chamo a esta *reflexão*, sendo as ideias que ela proporciona ideias somente porque o espírito as obtém ao redobrar-se sobre as suas próprias operações no interior de si mesmo. Assim, na continuação desta exposição, quereria que se entendesse por esta palavra reflexão que eu pretendo falar do conhecimento que o espírito toma das suas próprias operações e da maneira como estas engendram ideias dessas operações no entendimento. Digo que estas duas realidades, as coisas materiais e externas, como o são os objectos da *sensação*, e as operações internas do nosso espírito, como o são os objectos da *reflexão*, são, para mim, as únicas origens de onde provêem todas as nossas ideias. Uso aqui o termo *operação* em sentido lato, porque designa certas espécies de paixões que delas por vezes resultam, tais como a satisfação ou o desagrado que nascem de um pensamento. (Liv. II, cap. I, §§ 1 a 4.)

2) *Ideias simples*

Sou levado a pensar que todos os homens, quando se põem a examinar as suas ideias simples, acham geralmente que elas estão todas de acordo entre si, ainda que, conversando com outro homem, as confundam umas com as outras usando palavras diferentes. Imagino que os homens que abstraem os seus pensamentos e examinam bem as ideias dos seus espíritos não podem diferir muito uns dos outros no que respeita aos pensamentos; podem, no entanto, embrulhar-se nas palavras, consoante as diferentes escolas ou seitas em que nasceram; mas entre os homens que não pensam e que não examinam escrupulosa e cuidadosamente as suas próprias ideias nem as distinguem dos sinais de que os homens se servem para as designar, mas que, pelo contrário, as confundem com as palavras, vemos elevarem-se discussões sem fim, desenvolvidas num bonito paleio, sobretudo se se trata de eruditos e pretensiosos, devotados a uma seita, habituados à sua linguagem e que são levados a falar como os outros. Mas se acontecesse que dois pensadores tivessem realmente ideias diferentes, não vejo como poderiam conversar ou argumentar um com o outro. Não devo enganar-me se pensar que toda a imaginação que deriva nos cérebros humanos é efectivamente desta espécie de ideias de que falo. Não é fácil o espírito eliminar essas noções confusas e esses preconceitos de que foi impregnado pelo costume, a desatenção e o uso corrente. O exame das nossas ideias reclama trabalho e assiduidade a fim de chegarmos a reduzi-las a essas ideias simples, claras e distintas de que são compostas e de vermos quais destas ideias simples têm, ou não, entre si uma conexão necessária e de dependência. Enquanto não se examinarem assim as noções primeiras e originais das coisas, constrói-se sobre princípios movediços e os embaraços são frequentes. (Liv. II, cap. XIII, § 28.)

3) *A solidez ocupa o espaço*

1. A ideia de *solidez* é apreendida pelo tacto: nasce da resistência que um corpo como os que encontramos opõe à entrada de um outro corpo no lugar que ocupa, até ele o ter abandonado. Não há ideia que mais constantemente recebemos da sensação do que a de solidez. Quer nos movamos, quer estejamos em repouso, seja qual for a posição em que nos encontremos, sentiremos sempre, debaixo de nós, algo que nos suporta e nos impede de descer ainda mais; e os corpos que diariamente manejamos levam-nos a aperceber-nos que, por uma força insuperável, enquanto estão em nossas mãos, impedem as partes das nossas mãos que os apertam de se aproximarem uma da outra. *Ao que assim impede a aproximação de dois corpos que se deslocam um em direcção ao outro chamo eu solidez.* Não vou discutir se este sentido da palavra *sólido* está mais perto do sentido original do que o que lhe é atribuído pelos matemáticos. Basta-me pensar que a noção comum de solidez permitirá este uso, se é que não o justifica mesmo; mas se alguém achar preferível chamar-lhe impenetrabilidade, tem o meu assentimento. Apenas pensei que o termo solidez era mais adequado para exprimir esta ideia, não somente porque tal é o seu sentido corrente, mas também porque traz consigo algo de mais positivo que impenetrabilidade, que é negativo e que até talvez exprima

mais uma consequência da solidez do que a própria solidez. Além de que esta ideia, mais que qualquer outra, é a mais intimamente ligada ao corpo e a mais essencial, a ponto de não a podermos encontrar, nem imaginar, em mais lado nenhum senão na matéria. Ainda que os nossos sentidos nela não reparem a não ser em massas materiais suficientemente grandes para produzirem em nós uma sensação, o espírito, no entanto, uma vez recebida dos corpos sensíveis maiores esta ideia, prolonga-a, tal como à forma, na mais pequena partícula de matéria que possa existir; e descobre-a inerente ao corpo de modo inseparável, onde quer e como quer que possa ser modificada.

2. Eis pois a ideia que pertence ao corpo e é por ela que concebemos que o espaço está preenchido. A ideia desta plenitude do espaço é a de que, onde imaginamos que um espaço é ocupado por uma substância sólida, concebemos que esta o possui de tal maneira que de lá exclui qualquer outra substância sólida e que proíbe, definitivamente, que dois outros corpos se movam um em direcção ao outro em linha recta até se tocarem, a menos que ela se afaste deles, do seu lugar entre eles, segundo uma linha que não seja paralela àquela em que eles se movem. Os corpos que manejamos comummente proporcionam-nos de maneira suficiente esta ideia. (Liv. II, cap. IV, §§ 1, 2.)

4) *As ideias de espaço, de distância, de capacidade, de imensidade e de forma. Poder de formar novas ideias*

2. Começarei pela ideia simples de *espaço*... Obtemos a ideia de espaço simultaneamente pela vista e pelo tacto, o que, penso, é tão evidente que é inútil querer provar que os homens percepcionam, pela vista, uma distância entre corpos de cores diferentes ou entre partes de um mesmo corpo tal como vêem as próprias cores, e que não é menos evidente que eles podem percepcionar a distância, na obscuridade, por uma impressão ou pelo tacto.

3. Este espaço, considerado unicamente como separação entre dois seres, sem nada mais neles considerar, chama-se *distância*: se a consideramos segundo o comprimento, a largura e a espessura, chamamos-lhe *capacidade*. Aplica-se-lhe

correntemente o termo *extensão*, seja qual for o modo como a consideremos.

4. Toda a distância diferente é um modo diferente do espaço e cada ideia de uma distância diferente, ou de espaço, é um *modo simples* desta ideia. Os homens, pelo uso e costume de medir, estabelecem, nos seus espíritos, as ideias de certos comprimentos bem definidos, a polegada, o pé, a jarda, a toesa, a milha, o diâmetro da terra, etc., que são outras tantas ideias distintas feitas somente de espaço. Quando tais comprimentos estabelecidos ou tais medidas do espaço se tornam familiares ao pensamento dos homens, estes podem, em seus espíritos, repeti-los tantas vezes quantas quiserem, sem nelas incluirem ou misturarem a ideia de corpo ou qualquer outra ideia, e formam, para seu uso, ideias de pés, de jardas ou toesas de comprimento, quadradas ou cúbicas, quer entre os corpos do universo, quer para lá dos últimos limites de todos os corpos, e, juntando-as ainda umas às outras, alargam o mundo na medida em que lhes agradar. O poder de repetir ou de duplicar qualquer ideia que tenhamos da distância e de as juntar uma à outra tão grande número de vezes quanto o que o quisermos sem jamais podermos chegar a um limite permite-nos estender essa distância até onde quisermos e dá-nos a ideia de intensidade.

5. Há outra modificação desta ideia que não é mais do que a relação que as diferentes partes que delimitam a extensão, o espaço circunscrito, têm entre si. Esta ideia é o tacto que a descobre nos corpos sensíveis cujas extremidades estão ao nosso alcance e que os olhos captam simultaneamente nos corpos e nas cores, cujos limites caem sob os nossos olhos, quer se trate de linhas rectas que se cortam segundo ângulos perceptíveis, ou de linhas curvas, nas quais não percepcionamos qualquer ângulo; considerando estes diferentes limites na sua relação uns com os outros, o tacto tem essa ideia que chamamos *forma*, que traz ao espírito uma diversidade infinita. (Liv. II, cap. XIII, §§ 2 a 5.)

5) *O corpo e a extensão. A ideia de espaço puro*

11. Há pessoas que quereriam persuadir-nos de que o corpo e a extensão seriam a mesma coisa; teriam, então,

mudado o sentido das palavras, coisa de que não quereria torná-los suspeitos, pois condenaram tão severamente a filosofia dos outros porque havia sido exposta na forma incerta e na obscuridade enganadora de termos duvidosos ou privados de sentido. Portanto, se essas pessoas entendem por corpos e por extensão a mesma coisa que outras pessoas designam diferentemente (sendo para estas o *corpo* algo que é sólido e extenso, cujas partes podem todas mover-se e separar-se de modos diferentes, e sendo a *extensão* somente o espaço que se encontra entre as extremidades dessas partes sólidas e coerentes e que por elas é circunscrito), confundem então ideias muito diferentes uma da outra; pois apelo para o pensamento pessoal de qualquer um, para que diga se a ideia de espaço não é tão distinta da de solidez como o é da da cor escarlate? É verdade que a solidez não pode existir sem a extensão, tal como, aliás, a cor escarlate também não, mas isso não impede que sejam ideias diferentes. Muitas ideias requerem necessariamente para sua existência ou para a sua concepção outras ideias, ainda que sejam ideias perfeitamente distintas. O movimento não pode existir nem ser concebido independentemente do espaço e, no entanto, o movimento não é o espaço, nem o espaço é o movimento; o espaço pode existir sem o movimento e são ideias muito distintas, sendo o mesmo, penso eu, no que respeita às ideias de espaço e de solidez... *espaço* e *solidez* são ideias tão distintas como o *pensamento* e o *espaço* e separam-se completamente uma da outra no espírito; o corpo e a extensão são evidentemente duas ideias distintas. Pois:

12. Em primeiro lugar, a extensão não compreende nem solidez, nem resistência ao movimento do corpo, como acontece com o corpo.

13. Em segundo lugar, as partes do espaço puro são inseparáveis umas das outras, de tal modo que a continuidade não pode ser separada, nem de facto, nem no espírito. Pois desafio qualquer um a separar uma parte da extensão de uma outra parte que está com ela em continuidade, mesmo que só em pensamento. Dividir e separar efectivamente, em minha opinião, é, separando as partes uma da outra, constituir duas superfícies onde, antes, havia continuidade; e dividir em espírito é criar duas superfícies no espírito onde antes havia uma continuidade; é considerá-las separadas uma da

EXTRACTOS

outra; o que apenas se pode fazer com coisas tidas pelo espírito como passíveis de ser separadas e de adquirirem, pela sua separação, novas superfícies distintas, que não tinham originariamente, mas de que se tornam capazes. Mas nem uma nem a outra destas duas maneiras de separar, real ou mental, é compatível, em meu entender, com o espaço puro. Um homem pode, na verdade, considerar num tal espaço o que corresponde exactamente a um pé, o que nele é comensurável, sem considerar o resto, o que é uma consideração parcial mas não vem a ser nem uma separação mental, nem uma divisão, pois não é mais possível dividir mentalmente sem considerar duas superfícies separadas uma da outra do que dividi-las na realidade sem separar duas superfícies uma da outra; mas uma consideração parcial não é, de maneira nenhuma, separar. Um homem pode considerar a luz do sol sem nela considerar o calor, ou a mobilidade num corpo sem a extensão. Uma das operações é consideração parcial que consiste apenas nisso; a outra é uma consideração das duas ideias enquanto separadamente existentes.

14. Em terceiro lugar, as partes do espaço puro são imóveis, o que é consequente com a sua inseparabilidade, não sendo o movimento senão a mudança de distância entre duas coisas; mas isso não pode suceder entre partes que são inseparáveis, as quais devem, por conseguinte, estar em repouso perpétuo relativamente uma à outra. Por isso, a ideia bem determinada do simples espaço distingue-o manifesta e suficientemente do corpo, pois as suas partes são inseparáveis, imutáveis e sem resistência ao movimento do corpo.

15. Se me perguntam *que* espaço é este de que falo, responderei a quem me pergunta que me diga primeiro o que é a sua extensão. Pois dizer, como correntemente se faz, que ser extenso é ter *partes extra partes*, é somente dizer que a extensão é a extensão. Em que é que fico mais esclarecido acerca da natureza da extensão, quando se me diz que ser extenso é ter partes que são extensas, exteriores a partes também elas extensas, isto é, que a extensão consiste em partes extensas? É como se, perguntando-me alguém o que é uma fibra, eu lhe respondesse: é uma coisa feita de várias fibras. Ficaria com isso apto para compreender me-

lhor do que antes o que é uma fibra? Ou não teria antes razões para pensar que a minha intenção era divertir-me à sua custa mais do que instrui-lo seriamente?

16. Os que defendem que o espaço e o corpo são idênticos, propõem este dilema: ou este espaço é qualquer coisa ou não é nada; se nada há entre dois corpos, estes devem tocar-se necessariamente; se se concede que há qualquer coisa, perguntam: é um corpo ou um espírito? A minha resposta é outra questão: quem lhes disse que havia, ou que não podia haver senão, seres sólidos, incapazes de pensar e ser pensantes inextensos? Pois é apenas isso que entendem por corpo e por espírito? (Liv. II, cap. XIII, §§ 11 a 16).

6) *As ideias de duração e de tempo*

1. Há outra espécie de distância, ou de separação, de que tiramos, não a ideia de partes permanentes do espaço, mas a de partes flutuantes e em perpétua evanescência da sucessão. A esta chamamos *duração*; os seus modos simples são os diferentes comprimentos de que temos ideias distintas, tais como as *horas, dias, anos,* etc., *tempo* e *eternidade*.

2. A resposta de um grande homem ([1]) a quem se perguntava o que era o tempo foi: *Si non rogas intelligo* (O que vem a ser: quanto mais me ponho a pensar nisso, menos compreendo) e poderia talvez levar certos homens a crer que o tempo, que tudo revela, não pode ser ele próprio descoberto. Duração, tempo e eternidade, pensa-se, não sem alguma razão, têm algo de abstruso na sua natureza. Mas, por mais distantes que estas ideias pareçam estar da nossa compreensão, se formos direitos às suas origens, não duvido que descobriríamos uma dessas fontes de todo o nosso conhecimento, a sensação e a reflexão, que são susceptíveis de nos oferecer essas ideias, tão claras e distintas como muitas outras que passam por ser muito menos obscuras; e descobriremos que a própria ideia de eternidade deriva da mesma origem comum do resto das nossas ideias.

([1]) Santo Agostinho, *Confissões*, livro 11.

EXTRACTOS

3. Para compreender adequadamente o *tempo* e a *eternidade*, temos que considerar atentamente a ideia que temos da *duração* e o modo como a obtemos. É evidente para quem quer que queira observar simplesmente o que se passa no seu espírito que há uma série de ideias que constantemente se sucedem uma à outra no seu entendimento enquanto este está desperto. A reflexão sobre a aparição, uma a uma, destas diversas ideias proporciona a ideia de *sucessão*; e a distância entre quaisquer partes desta sucessão ou entre o aparecimento de quaisquer duas ideias no nosso espírito é o que chamamos *duração*. Pois, durante o tempo em que estamos a pensar ou em que recebemos sucessivamente várias ideias nos nossos espíritos, sabemos que existimos efectivamente; e chamamos existência, ou a continuação da nossa própria existência ou de qualquer outra coisa que coincide com a sucessão das ideias no nosso espírito, a nossa própria duração ou a de qualquer outra coisa que coexiste com o nosso pensamento.

4. Que tiramos a nossa noção de sucessão e de duração desta origem, a reflexão sobre a série das nossas ideias, parece-me manifesto pelo facto de não termos nenhuma percepção da duração se não considerarmos o ritmo das ideias que se sucedem uma a uma nos nossos entendimentos. Quando cessa esta sucessão de ideias, cessa com ela a nossa percepção da duração, o que cada um experimenta claramente em si mesmo quando dormimos profundamente, seja um dia, uma hora, um mês ou um ano. Enquanto dormimos ou não pensamos, não temos nenhuma percepção da duração das coisas que se perde para nós completamente; o momento em que paramos de pensar e aquele em que recomeçamos a pensar não nos parecem distantes um do outro. Assim, duvido que um homem possa permanecer desperto se conservar somente uma ideia no espírito sem que variem ou se sucedam outras ideias. Vemos que se um homem fixa bem atentamente os pensamentos numa única coisa, de modo a só ter ténue conhecimento da sucessão das ideias que lhe passam no espírito, enquanto estiver absorvido por essa profunda contemplação deixa escapar à sua atenção grande parte dessa duração e pensa que o tempo é mais breve do que na realidade é. Mas se o sono une normalmente partes distantes da duração é porque, durante esse tempo, não temos nos nossos espíritos sucessão de ideias. Pois se um

homem sonha durante o sono e uma diversidade de ideias se torna perceptível ao seu espírito, uma após outra, durante esse sonho, ele tem um sentimento de duração e do seu comprimento. Tudo isto mostra muito claramente que os homens tiram as suas ideias de duração das reflexões sobre a série das ideias cuja sucessão observam nos próprios entendimentos; se nada observam, não podem ter nenhuma noção de duração, passe-se o que se passar neste mundo. (Liv. II, cap. XIV, §§ 1 a 4.)

7) A ideia de poder: liberdade e necessidade

1. O espírito, sendo quotidianamente informado pelos sentidos da alteração das ideias simples que observa nas coisas exteriores e tomando nota da maneira como uma dessas ideias chega a seu termo e deixa de ser e da maneira como outra, que antes não existia, começa a existir, reflectindo também sobre o que em si mesmo se passa e observando uma constante mudança das suas ideias, por vezes por força das impressões exteriores sobre os sentidos e outras vezes por determinação da sua própria escolha, e concluindo, a partir do que constantemente observou no passado, que as mesmas mudanças se repetirão no futuro e da mesma maneira para as mesmas coisas sob a acção de agentes semelhantes, considera por isso numa coisa a possibilidade de ver mudadas algumas das suas ideias simples e, noutra, a possibilidade de operar essa mudança, sendo assim que aparece esta ideia que chamamos *poder*. Dizemos assim: o fogo tem o poder de liquefazer o ouro, isto é, de destruir a consistência das suas partes imperceptíveis e, por conseguinte, a sua dureza, tornando-o fluido; e o ouro tem o poder de ser liquefeito...

2. Pode-se considerar que o poder assim encarado é duplo; é capaz de fazer e capaz de receber qualquer mudança que seja. O primeiro pode chamar-se poder *activo*; o segundo poder *passivo*. Se a matéria não é totalmente desprovida de todo o poder activo, assim como se o seu autor, Deus, é na verdade superior a qualquer outro poder activo e se a situação intermédia dos espíritos criados é ou não a única capaz dos dois poderes, activo e passivo, são factos dignos de ser considerados. Não me abalançarei a essa investigação,

EXTRACTOS

sendo que o meu presente trabalho não é o de buscar a origem do poder mas o de saber como é que nós lhe descobrimos a *ideia*. Mas, dado que os poderes activos constituem tão grande parte das nossas ideias complexas de substâncias — e menciono-os como tais em função do que correntemente apreendemos — talvez não sendo, no entanto, poderes tão verdadeiramente *activos* como os nossos pensamentos, demasiado apressados, são levados a representá-los, penso não ser errado, em virtude desta associação, de dirigir os nossos espíritos para a consideração de Deus e dos espíritos para neles observar a ideia mais clara do poder activo...

7. Todo o homem, penso, encontra em si mesmo um poder de começar ou de cessar, de continuar ou de pôr termo a diversas acções no interior de si mesmo. Da consideração da extensão deste poder do espírito sobre as acções humanas que cada um de nós encontra em si mesmo, nascem as *ideias* de *liberdade* e de *necessidade*.

8. Reduzindo-se, como dissemos, todas as acções de que temos ideia a estas duas, pensamento e movimento, na medida em que um homem tem o poder de pensar ou de não pensar, de mover ou de não mover, consoante a preferência ou a orientação do seu próprio espírito, na mesma medida é *livre*. Onde quer que uma realização ou uma abstenção não estão igualmente no poder de um homem, onde quer que fazer ou não fazer não seguem igualmente preferências do espírito que dirige, então ele não é livre, ainda que a acção possa ser voluntária. De tal modo que a ideia de *liberdade* é a ideia de um poder, em todo o agente, de fazer ou de suspender uma acção particular consoante a determinação ou o pensamento do espírito que prefere uma das duas acções à outra; quando uma e outra acções não estão sob o poder do agente, de modo que não pode realizá-la segundo a sua vontade, este não tem a liberdade; este agente está sujeito à *necessidade* de agir de maneira definida. De modo que não pode haver liberdade onde não há pensamento, nem volição, nem vontade; mas pode haver pensamento, volição e vontade onde não há liberdade...

16. É claro que a vontade não é mais que um poder ou uma capacidade e que a liberdade é outro poder ou outra capacidade, de modo que perguntar se a vontade possui a

liberdade é perguntar se um poder tem um outro poder e se uma capacidade tem uma outra capacidade; é uma questão que, à primeira vista, é ridiculamente absurda, demasiado para que possamos debatê-la e que não reclama qualquer resposta. Pois quem não vê que os poderes pertencem apenas aos agentes e que são atributos somente das substâncias e não dos próprios poderes? De maneira que esta forma de colocar a questão (se a vontade é livre) não é perguntar efectivamente se a vontade é uma substância ou um agente, ou, pelo menos, é supô-lo, pois a vontade não pode ser propriamente atribuída a nada mais. Se a liberdade pode ser conferida, com toda a propriedade de linguagem, ao poder, pode ser atribuída ao poder que um homem possui de produzir ou de recusar produzir movimento nas partes do seu corpo, por escolha ou preferência; é isso que faz com que se diga livre, é o que é a própria liberdade. Mas se alguém perguntasse se a liberdade é livre, suspeitaríamos que não compreenderia bem aquilo que diz e pensaríamos que mereceria as orelhas de Midas, que sabendo que rico é o nome dado a um possuidor de riquezas, perguntava se as próprias riquezas eram ricas.

19. Concordo que este ou aquele pensamento efectivo pode ser ocasião de uma volição ou do exercício do poder de escolher que um homem tem, ou que a escolha efectiva do espírito é a causa de que o pensamento se ocupe realmente de tal ou tal coisa, tal como cantar efectivamente tal melodia pode ser a causa por que dançamos efectivamente tal dança e o facto de dançarmos efectivamente tal dança pode ser ocasião para cantarmos efectivamente tal melodia. Mas, em tudo isto, não é um poder que opera sobre outro, é o espírito que opera e exerce os seus poderes; é o homem que faz a acção, é o agente que tem para isso poder, ou que é capaz de fazê-la. Pois os poderes são relações e não agentes: e aquilo que tem o poder de agir, ou que o não tem, é apenas aquilo que é livre, ou que o não é, e não o próprio poder. Pois a liberdade, ou a ausência de liberdade, a nada mais pode pertencer senão àquele que tem — ou não tem — o poder de agir.

22. O espírito curioso do homem que queira afastar de si, tanto quanto possível, todos os pensamentos de pecado, mesmo se se coloca num estado pior do que o de uma fata-

EXTRACTOS

lidade necessária, não está satisfeito; a liberdade, se não for mais longe que isso, não transformará a situação; e é preciso boa argumentação para dizer que um homem não é tão *livre de querer* se não o for de *fazer o que quer*. Acerca da liberdade humana, levantou-se portanto ainda esta nova questão: será que um homem é *livre de querer*? Penso que é isto que se tem em mente quando se discute se a vontade é livre ...

27. A liberdade consiste na dependência da execução ou da não-execução de uma *acção* em virtude de decisão nossa, e não da dependência de uma acção, ou do seu contrário, da nossa *preferência*. Um homem que está de pé à beira de uma falésia tem a liberdade de saltar de 20 metros para o mar não por ter o poder de executar a acção contrária, que seria saltar 20 metros para cima, o que lhe seria impossível; ele é livre, portanto, porque tem o poder de saltar ou de não saltar para baixo. Mas se uma força maior do que a sua o mantém no lugar ou o precipitar, ele já não é livre, porque a execução ou a não-execução desta acção particular já não depende do seu poder ... A *liberdade* consiste no nosso poder de agir ou de não agir conforme escolhemos e queremos.

78. Para concluir esta investigação acerca da *liberdade humana* que, do modo como a levei a cabo, me causava receios desde o início, bem como despertava suspeitas, desde a publicação inicial, a um amigo muito sensato que achava que eu cometera um erro que ele não conseguia precisar pormenorizadamente, fui levado a empreender uma revisão severa do capítulo. Ao longo desta revisão, dei-me conta de um deslize muito fácil e dificilmente observável que cometera; havia uma palavra aparentemente inofensiva em lugar de outra; esta descoberta fez-me aperceber a opinião actual que aqui, na segunda edição, apresento ao mundo culto; é, em resumo, a seguinte: a liberdade é um poder de agir ou de não agir segundo as perspectivas do espírito. Um poder capaz de levar as faculdades da acção a operar ou a parar em circunstâncias particulares é aquilo que chamamos *vontade*. O que, na série das nossas acções voluntárias, determina a vontade a mudar a sua acção é um *mal-estar actual* que é, ou, pelo menos, se acompanha sempre de um mal--estar do *desejo*. O desejo é sempre movido pelo mal, a fim de dar a este rédea solta, pois a libertação total da dor pro-

porciona-nos uma parte necessária da nossa felicidade. Mas nem todo o bem, mesmo o nosso bem supremo, move constantemente o desejo, porque este não pode fazer tudo o que é necessário para a nossa felicidade, ou não pode ser tomado como uma parte determinada da nossa felicidade. Pois tudo o que desejamos é somente ser felizes. Mas, embora este desejo geral da felicidade não opere constantemente e invariavelmente, a satisfação de qualquer desejo particular *pode ser suspensa*, determinando a vontade à realização de uma acção secundária até que tenhamos examinado se o bem particular aparente que então desejamos faz de facto parte da nossa felicidade real ou se está de facto de acordo, ou em desacordo, com ela. É o resultado deste exame que, em definitivo, determina o homem que não podia ser *livre* se a sua vontade fosse determinada por outra coisa que não o seu próprio desejo guiado pelo seu próprio juízo. Sei que, para alguns, a liberdade consiste na indiferença do homem que precede a determinação da sua vontade. Desejaria que aqueles que tanto insistem nessa diferença anterior, como lhe chamam, nos dissessem claramente se essa suposta indiferença precede o pensamento e o juízo do entendimento assim como o decreto da vontade. Pois é muito difícil interpô-la entre eles, isto é, imedaitamente *após* o juízo do entendimento e *antes* da determinação da vontade, porque a determinação da vontade sucede imediatamente ao juízo do entendimento; e colocar a liberdade na indiferença parece-me colocá-la num estado de obscuridade no qual não podemos ver nem dizer seja o que for a seu respeito; é, pelo menos, colocá-la num sujeito que dela não é capaz, nenhum agente podendo ser reconhecido capaz de liberdade senão em consequência do pensamento e do juízo. Não sou assim tão escrupuloso a respeito dos termos e admito que se diga, de acordo com os que gostam de falar desta maneira, que a liberdade se encontra na indiferença, mas numa indiferença que subsiste após o juízo do entendimento; sim, mesmo após a determinação da vontade; e é uma indiferença que não é do *homem* (porque depois de ter ajuizado do que é melhor, o acto de fazer ou não fazer já não é indiferente), mas dos *poderes actuantes do homem* que permanecem igualmente capazes de operar ou de se abster de operar tanto depois como antes do decreto da vontade e se encontram num estado que, se isso vos agrada, podeis chamar indiferença; o homem é livre tanto quanto a extensão desta indiferença,

EXTRACTOS

mas não mais: assim, eu tenho a capacidade na minha mão ou de deixá-la em repouso; este poder de acção é indiferente ao movimento ou ao repouso da minha mão. Sou então, deste ponto de vista, perfeitamente livre; a minha vontade determina este poder de acção para o repouso: sou, no entanto, livre porque a indiferença do meu poder de agir ou não agir permanece, o poder de mover a minha mão não é minimamente enfraquecido pela determinação da minha vontade que, de momento, ordena o repouso; a indiferença deste poder para a acção ou para a inacção é exactamente o que antes era, como se tornará manifesto se a vontade o comprovar ordenando o contrário. Mas se, durante o repouso da minha mão, esta fosse tomada de súbita paralisia, a indiferença do poder operatório teria desaparecido e, com ele, a minha liberdade. Já não sou livre a esse respeito, mas necessitado a deixar em repouso a minha mão. Por outro lado, se a minha mão fosse posta em movimento por uma convulsão, a indiferença do poder operatório desapareceria com esse movimento e a minha liberdade, nesse caso, perder-se-ia; pois fico na necessidade de deixar a minha mão mover-se. Juntei esta nota para mostrar em que espécie de indiferença me parece consistir a liberdade e não em qualquer outra indiferença, real ou imaginária. (Liv. II, cap. XXI, §§ 1, 2, 7, 8, 16, 22, 27, 78.)

8) *Ideias complexas de substâncias*

1. Estando o espírito, como afirmei, equipado com grande número de ideias simples, introduzidas pelos sentidos ao descobri-las nas coisas exteriores, ou por reflexão sobre as próprias operações, observa ele também que um certo número dessas ideias vêm sempre em conjunto; presumimos, portanto, que essas ideias simples pertencem a uma mesma coisa e, como as palavras se adaptam às opiniões correntes e as aplicamos para acelerar as comunicações, estas ideias simples unidas num só objecto, são chamadas com um só nome; somos, de seguida, levados a considerar esse nome, quando o pronunciamos, como uma ideia simples, embora ele corresponda, de facto, ao composto de várias ideias reunidas; pois, como já disse, não imaginamos como essas ideias simples *podem* subsistir por si mesmas, acostumamo--nos a supor-lhes um substrato no qual subsistem e de que,

de facto, resultam e que, por conseguinte, chamamos *substância*.

9. As ideias que compõem as nossas ideias complexas de substâncias corporais são de três espécies. Em primeiro lugar, as ideias das qualidades primárias das coisas, que descobrimos pelos sentidos e que estão nas coisas, mesmo quando as não percepcionamos; tais a massa, a forma, o número, a situação e o movimento das partes dos corpos, tenhamos ou não conhecimento delas. Em segundo lugar, as qualidades sensíveis secundárias que, dependendo das anteriores, não são senão os poderes que essas substâncias têm de produzir várias ideias em nós por meio dos sentidos; estas ideias não estão nas próprias coisas, senão do modo como qualquer coisa está na sua causa. Em terceiro lugar, a capacidade que consideramos em qualquer substância de dar ou de receber modificações das qualidades primárias como a substância, assim modificada, produziria em nós ideias diferentes das que ela originaria primeiramente; chamamos a estas qualidades poderes activos ou passivos; todos estes poderes, na medida em que deles temos o conhecimento ou a noção, realizam-se somente em ideias simples sensíveis. Pois, seja qual for a modificação que a magnetite possa provocar nas pequenas partículas de ferro, não teríamos a noção do poder que ela tem de agir sobre o ferro se não descobríssemos, pelos sentidos, o movimento que ela determina; e não duvido que os corpos que manuseamos diariamente tenham o poder de produzir uns nos outros mil mudanças que nunca suspeitamos, pois nunca aparecem em efeitos sensíveis.

10. Assim, os *poderes* constituem, portanto, uma grande parte das nossas ideias complexas de substâncias. O homem que examinar a sua ideia complexa de ouro descobrirá que algumas das ideias que a geram são apenas poderes: o poder de ser liquefeito, de ser dissolvido, na *aqua regia*; são ideias tão necessárias para constituir a nossa ideia complexa de ouro como a sua cor e peso e, se considerarmos estas correctamente, veremos que não são senão poderes diferentes. Pois, para falar com exactidão, a cor amarela não está efectivamente no ouro; ela não é senão um poder que o ouro tem de produzir em nós, pelos olhos, essa ideia, quando é colocado sob certa luz; e o calor, que não podemos separar

EXTRACTOS

das nossas ideias do sol, não está mais no sol do que a cor branca que o sol põe na cera...

15. Além das ideias complexas que temos das substâncias materiais sensíveis de que acabei de falar, as ideias simples que obtemos das operações dos nossos próprios espíritos e que quotidianamente experimentamos em nós mesmos, pensar, compreender, querer, conhecer, poder começar um movimento, etc., coexistem numa certa substância, tornam-nos capazes de formar a *ideia complexa de um espírito material.* Assim, reunindo as ideias de pensamento, percepção, liberdade e poder de se mover e mover outras coisas, temos uma percepção clara e uma noção das substâncias imateriais, tal como temos das coisas materiais... A nossa ideia de substância é igualmente obscura ou de todo ausente, num caso e noutro: não é senão um não sei quê que nós supomos para suportar aquelas ideias que chamamos acidentes. É por falta de reflexão que chegamos a pensar que os nossos sentidos apenas nos apresentam coisas materiais. Todo o acto de sensação, quando correctamente considerado, nos dá uma perspectiva igual das duas partes da natureza, a corporal e a espiritual. Pois enquanto conheço, vendo e ouvindo, etc., que há fora de mim um ser corporal, objecto da minha sensação, conheço, com mais certeza, que há em mim um certo ser espiritual que vê e ouve. Disto, tenho que estar convencido, não pode ser acção de uma pura matéria insensível e não poderia nunca produzir-se sem um ser pensante e imaterial.

22. Comparemos então a nossa ideia complexa de um espírito imaterial com a nossa ideia complexa do corpo e vejamos se há mais obscuridade numa do que na outra e em qual há mais. A nossa ideia de *corpo,* em minha opinião, é uma *substância extensa e sólida, capaz de comunicar o movimento por impulsão,* e a nossa ideia da *alma,* enquanto espírito *imaterial,* é a de uma *substância que pensa e que tem o poder de suscitar o movimento no corpo pela vontade ou pelo pensamento.* Estas ideias são, penso, as nossas ideias complexas de alma e de corpo, enquanto se distinguem por ideias contraditórias; examinemos agora a que detém mais obscuridade e que mais dificilmente é captada. Sei que as pessoas cujos pensamentos estão imersos na matéria e têm os espíritos tão submetidos aos sentidos que raramente re-

flectem no que está para lá delas são levadas a dizer que não podem compreender o que seja uma coisa *pensante*, o que será talvez verdadeiro; mas afirmo que não podem compreender melhor o que seja uma coisa *extensa*, se a considerarem bem. (Liv. II, cap. XXIII, §§ 1, 9, 10, 15, 22.)

9) *A ideia de Ser Supremo*

33. Se examinarmos a ideia que temos do incompreensível Ser Supremo, descobriremos que chegamos a ela do mesmo modo e que as ideias complexas que temos de Deus e dos espíritos separados são feitas com as ideias simples que recebemos da reflexão; obtivemos, a partir do que experimentamos em nós mesmos, as ideias de existência, duração, de conhecimento e de poder, de prazer e de felicidade e de vários outros poderes e qualidades que é melhor ter que não ter; quando queremos formar a ideia mais adequada possível do Ser Supremo, alargamos cada uma dessas ideias por meio da ideia de infinidade e formamos a nossa ideia complexa de Deus. Pois já mostrámos que o espírito tem este poder de alargar algumas das suas ideias, recebidas da sensação e da reflexão.

35. É a infinidade que, junta às nossas ideias de existência, de poder, de conhecimento, etc., forma a ideia complexa que melhor nos representa o Ser Supremo. Pois, embora Deus, na sua própria essência (que decerto não conhecemos, como não conhecemos a essência real de um seixo, de uma mosca ou de nós mesmos), seja simples e incomposto, penso no entanto poder dizer que não temos d'Ele outra ideia que não complexa da sua existência, conhecimento, poder, felicidade, etc., de infinitude e de eternidade, todas elas ideias distintas; e algumas delas são relativamente e de novo compostas por outras ideias, sendo todas provenientes originariamente da sensação e da reflexão, como já foi mostrado, e servindo para constituir a ideia ou a noção que de Deus temos. (Liv. II, cap. XXIII, §§ 33 e 35.)

15. A Natureza nunca faz coisas excelentes com finalidades sem importância ou sem nenhuma finalidade; dificilmente conceberíamos que o nosso Criador infinitamente sábio faça uma faculdade tão admirável como o poder de

EXTRACTOS

pensar, faculdade que tanto se aproxima do Seu Ser incompreensível, para que a utilizemos tão preguiçosa e inutilmente, pelo menos em um quarto do tempo, a fazê-la pensar constantemente, sem que ela se recorde de qualquer dos seus pensamentos, sem que faça qualquer bem a si mesma ou aos outros; sem que seja de algum modo útil a qualquer outra parte da criação. Se nos dispusermos a examinar esta, não descobriremos, suponho, que o movimento da matéria, apesar de adormecida e insensível em qualquer ponto do universo, seja de tão pouca utilidade e tão completamente rejeitado. (Liv. II, cap. I, § 15.)

12. O Ser Infinito e Sábio que nos formou, nós e todas as coisas que nos rodeiam, organizou os nossos sentidos, as nossas faculdades e os nossos órgãos em vista da comodidade da nossa existência e daquilo que aqui temos que fazer. Os nossos sentidos permitem-nos conhecer e distinguir as coisas uma das outras e examiná-las para que possam servir para nosso uso e corresponder às exigências desta vida. Penetramos suficientemente a sua admirável organização e os seus efeitos maravilhosos para admirar e celebrar a Sabedoria, o poder e a bondade do seu autor. Tal conhecimento, adaptado à nossa presente condição, temos nós possibilidades de atingir. Mas não parece que Deus tenha tido a intenção de que possamos d'Ele ter conhecimento perfeito, claro e adequado, que talvez não seja acessível à compreensão de um ser finito. Somos dotados de faculdades, obtusas e fracas, que nos chegam para descobrir nas criaturas com que possamos conduzir-nos ao conhecimento do nosso Criador e do nosso dever e estamos bem fornecidos de capacidade para obter as comodidades da vida; esse é o nosso papel neste mundo. Mas se os nossos sentidos se alterassem, tornando-se muito mais rápidos e penetrantes, o aspecto exterior e o plano das coisas apresentar-se-nos-ia de modo totalmente diferente; e sou levado a crer que não estaria de acordo com a nossa existência ou, pelo menos, com o nosso bem-estar nesta parte do universo que habitamos. Quem quer que considere quão pouco a nossa constituição é capaz de suportar qualquer mudança nas partes do ar, se este fosse aspirado a uma altitude muito mais elevada do que aquela em que respiramos habitualmente, terá todas as razões para se sentir satisfeito pelo facto de, neste globo terrestre que nos deu como morada, o Arquitecto, em sua perfeita Sabe-

doria, ter acordado bem uns com os outros os nossos órgãos e os corpos que os afectariam. Se o nosso sentido do ouvido fosse mil vezes mais rápido, como é que um ruído incessante nos distrairia? No mais tranquilo retiro, seríamos menos capazes de dormir do que no meio de uma batalha naval. (Liv. II, cap. XXIII, § 12.)

10) *Ideia da identidade pessoal*

8. Não é, portanto, a unidade de substância que compreende todas as espécies de identidade nem que, em cada caso, determinará a identidade; para bem conceber esta e predicá-la convenientemente, temos que considerar qual a ideia a que se aplica a palavra que a representa: pois uma coisa é ser a mesma *substância,* outra ser o mesmo *homem,* outra ser a mesma *pessoa,* se *pessoa, homem* e *substância* são três nomes que designam três ideias diferentes.

10. Pois presumo que não é apenas a ideia de um ser pensante ou racional que constitui a ideia de um homem na opinião da maioria das pessoas, mas a de um corpo que tem esta ou aquela forma que lhe está ligada; e se essa é a ideia de um homem, o mesmo corpo que se sucede e não muda por inteiro de uma só vez tanto como o mesmo espírito imaterial contribuem para fazer o mesmo homem.

11. Para descobrir em que consiste a identidade pessoal, temos que considerar aquilo que representa a palavra *pessoa*; é, penso eu, um ser pensante e inteligente, que possui razão e reflexão, e que se pode considerar a si mesmo a mesma coisa pensante em diferentes momentos e lugares; o que só pode fazer graças a essa consciência que é inseparável do pensamento e, ao que me parece, lhe é essencial; pois para todo o homem é impossível percepcionar sem *percepcionar* que efectivamente percepciona. Quando vemos que ouvimos, que cheiramos, que tocamos, que sentimos, que meditamos ou que queremos seja o que for, sabemos que o fazemos. É sempre assim com as nossas sensações e percepções actuais; é assim que cada um de nós é para si aquilo que chama *eu...,* é assim que se distingue de qualquer outro ser pensante e é nisso somente que consiste a identidade pessoal.

EXTRACTOS

18. É sobre esta identidade pessoal que se funda todo o direito e toda a justiça das recompensas e das punições; sendo a felicidade e a miséria aquilo por que cada qual se interessa relativamente a si mesmo, não se preocupando com o que sucede a qualquer substância que não está ligada a esta consciência e que não é por ela afectada. (Liv. II, cap. XXVII, §§ 8, 10, 11, 18.)

III. A linguagem e os seus riscos

1) O sentido das palavras

1. O uso das palavras é, portanto, o de serem marcas sensíveis das ideias e as ideias que elas representam são o seu sentido próprio e imediato.

7. Ainda que o sentido próprio e imediato das palavras sejam as ideias que se encontram no espírito do homem que fala, nem sempre somos, no entanto, devido a um uso familiar que, desde o berço, nos faz aprender certos sons articulados com grande perfeição e que temos na ponta da língua e sempre a nossa disposição na memória, suficientemente cuidadosos em examinar ou fixar perfeitamente o seu sentido; acontece muitas vezes que os homens, mesmo quando quereriam aplicar-se mais atentamente, assentam os seus pensamentos mais sobre as palavras do que sobre as ideias. (Liv. III, cap. II, §§ 1 e 7.)

2) Os termos gerais

6. Dado que todas as coisas que existem são apenas particulares, como é que chegamos a usar de termos gerais? Onde encontramos essas naturezas gerais que as palavras gerais são supostas representar? As palavras tornam-se gerais porque fazemos delas sinais de ideias gerais; e as ideias tornam-se gerais quando as separamos das suas circunstâncias de tempo, de lugar e de todas as outras ideias que podem determiná-las a tal ou tal existência particular. É esta maneira de abstrair que as torna capazes de representar mais

do que uma coisa individual; cada uma destas ideias, que é em si conforme a essa ideia abstracta, como dizemos, é desta espécie.

7. Mas para deduzirmos isto de maneira mais distinta, não será mau seguirmos a pista das nossas noções e dos nossos termos desde o começo e observarmos quais as etapas por que procedemos e por meio de que progressos alargamos as nossas ideias desde a primeira infância. Nada é mais evidente do que o facto de as ideias das pessoas com quem as crianças tratam (para usar só este exemplo) serem apenas particulares, como as próprias pessoas. As ideias da ama e da mãe estão bem formadas nos seus espíritos e, como se fossem retratos, representam somente indivíduos. Os nomes que as crianças lhes dão originariamente limitam-se a esses indivíduos; e os nomes de *ama* e de *mamã* de que a criança se serve limita-os esta a essas pessoas; posteriormente, quando tempo e uma maior familiaridade as levou a observar que há muito maior número de outras coisas no mundo que, em virtude de múltiplas analogias de formas e de várias outras qualidades, se assemelham a seus pai e mãe, e quando se habituaram a essas pessoas, as crianças formam delas uma ideia da qual acham que participam esses muitos indivíduos particulares e dão-lhes, tal como a outros, o nome de *homem*, por exemplo. É assim que chegam a ter um nome geral e uma ideia geral. Não fazem com isso nada de novo; mas deixam apenas sair da ideia complexa que têm de Pedro e de Tiago, de Maria e de Joana, aquilo que é particular a cada indivíduo e conservam apenas o que é comum a todos.

9. Para concluir, todo este mistério dos géneros e das espécies, que tanto alarido provocam nas escolas e que são, muito justamente, pouco tidos em conta fora delas, não é mais do que a questão das *ideias abstractas,* mais ou menos compreensivas, e dos nomes que lhes estão ligados. Em tudo isso, é constante e invariável que todo o termo mais geral representa uma ideia dessas e não é mais do que uma parte de cada uma daquelas que nele estão contidas...

11. Torna-se claro, pelo que foi dito, que *geral* e *universal* não pertencem à existência real das coisas, mas que

EXTRACTOS

são invenções e criações do entendimento por ele feitas para seu uso próprio e que apenas respeitam aos sinais, sejam palavras ou ideias. (Liv. III, cap. III, §§ 6, 7, 9, 11.)

3) *Ininteligibilidade das formas substanciais*

10. Portanto, aqueles a quem ensinaram que as diferentes espécies de substâncias têm as suas *formas substanciais* internas e distintas e que essas *formas* é que faziam a distinção entre as verdadeiras substâncias, espécies e géneros ainda se afastaram mais do bom caminho, pelo facto de os seus espíritos terem sido dirigidos para investigações estéreis acerca de «formas substanciais» completamente ininteligíveis e de que raramente temos mais do que concepções obscuras ou confusas.

13. As nossas espécies distintas não são senão ideias complexas distintas, dotadas de nomes distintos que lhes estão opostos. É verdade que toda a substância que existe tem a sua constituição particular de que dependem as qualidades sensíveis e os poderes que nela observamos, mas somos nós que arrumamos as coisas em espécies (o que não é mais do que classificá-las segundo diferentes rubricas) consoante as ideias que *nós* delas temos; o que, embora suficiente para as distinguir pelos nomes, de tal modo que somos capazes de discorrer acerca delas quando não estão presentes, nos expõe, no entanto, a grandes erros, se supomos que isso se deve às suas constituições internas reais e que as coisas que existem se distinguem naturalmente em espécies pelas suas essências reais, exactamente do mesmo modo como as distinguimos em espécies pelos nomes.

14. Para distinguir em espécies os seres substanciais, segundo a suposição corrente de que há certas essências determinadas ou formas das coisas que fazem existir todos os indivíduos e os dividem naturalmente em espécies, eis aqui o que é preciso:

15. Em primeiro lugar, para ter a certeza que a natureza, na produção das coisas, as dispõe sempre para as fazer participar a essências estabelecidas e ordenadas, destinadas a serem os modelos de todas as coisas que ela deve produzir,

no sentido simplista que é habitualmente proposto, seria preciso melhor explicação para que pudesse ser plenamente aceite.

16. Em segundo lugar, seria preciso saber se a natureza atinge sempre essa essência que ela prepara na produção das coisas. Os nascimentos irregulares e monstruosos que foram observados em diferentes espécies de seres animados dar--nos-iam sempre razões para duvidar de um ou vários desses nascimentos.

17. Em terceiro lugar, há que determinar se esses seres que chamamos monstros formam realmente uma espécie distinta, de acordo com a noção escolástica proposta pelo nome espécie, pois é certo que tudo o que existe tem a sua constituição particular. E, no entanto, descobrimos que algumas dessas produções monstruosas têm poucas qualidades, ou não têm mesmo nenhuma, das que são supostas resultar da essência da sua espécie e acompanhar essa essência de que tiram origem e a que parecem pertencer do ponto de vista da ascendência.

18. Em quarto lugar, as essências reais dessas coisas de que distinguimos as espécies e que designamos segundo essa distinção devem ser conhecidas, isto é, devemos ter a ideia delas. Mas como somos ignorantes acerca destes quatro pontos, as supostas essências reais dessas coisas não nos autorizam a classificar as substâncias em espécies.

19. Em quinto lugar, o único recurso imaginável seria, neste caso, que, tendo formado ideias complexas perfeitas das propriedades das coisas que decorrem das duas diferentes essências reais, as distinguíssemos, assim, em espécies. Mas não o podemos fazer. Pois se ignoramos a própria essência real, não podemos conhecer todas as propriedades que dela derivam e que lhe estariam juntas, de modo que, se todas estivessem ausentes, poderíamos daí concluir que não possuem essa essência e que a coisa não é dessa espécie. Nunca podemos saber qual o número exacto de propriedades que dependem da essência real do ouro; por conseguinte, o ouro não existiria, a menos que conhecêssemos a própria essência real do ouro. (Liv. III, cap. VI, §§ 10, 13, 14, 15, 16, 17, 18, 19.)

EXTRACTOS

4) *Papéis respectivos da natureza e do homem na constituição das espécies e essências*

36. A Natureza faz muitas coisas *particulares* que se harmonizam, de facto, umas com as outras em muitas qualidades sensíveis e, provavelmente, também nas suas estruturas internas e constituições; mas não são essas essências reais que as distinguem em espécies, são os homens, que, em virtude das qualidades que encontram reunidas nas coisas, observam frequentemente que vários indivíduos concordam entre si o suficiente para os poderem nomear e usar das vantagens dos sinais compreensivos, sob os quais os indivíduos, devido à sua conformidade com esta ou aquela ideia abstracta, são arrumados como que sob etiquetas; é deste modo que chegamos a dizer: este pertence ao regimento azul, aquele ao regimento vermelho, este é um homem, aquele um babuíno. É nisso que, em minha opinião, consiste todo o papel do género e da espécie.

37. Não nego que a natureza, na produção constante de seres particulares, os faça sempre novos e variados, mas são muito semelhantes e aparentados uns com os outros; mas penso que, no entanto, é verdade que os limites da espécie em que os homens os classificam são traçados pelos homens, pois as essências das espécies, distinguidas por nomes diferentes, são de formação humana, como já foi provado, e são raramente adequadas à natureza interna das coisas de onde são tiradas. De modo que podemos realmente dizer que essa maneira de agrupar as coisas é obra dos homens. (Liv. III, cap. VI, §§ 36, 37.)

5) *Como tomou Locke consciência da importância das palavras para o conhecimento*

21. Da grande desordem que se instaura nos nossos nomes de substâncias, derivada, na sua maior parte, da nossa falta de conhecimentos e da nossa incapacidade para penetrar nas suas constituições reais, poderão talvez espantar-se se culpo antes a imperfeição das palavras do que a imperfeição do nosso entendimento. Esta crítica é de tal modo justa que me penso obrigado a apresentar a razão que me levou a usar este método. Devo confessar que, quando ini-

cialmente comecei a escrever esta exposição sobre o entendimento e mesmo muito depois, não tinha a mínima ideia de que qualquer consideração acerca das palavras fosse para isso de algum modo necessária. Mas quando, após ter ultrapassado a origem e a composição das nossas ideias, comecei a examinar a extensão e a certeza do nosso conhecimento, achei que esta questão estava em tão estreita ligação com as palavras que, sem antes observar bem a sua força e maneira de significar, só era possível falar do conhecimento com muito pouca clareza e pertinência; o conhecimento, que trata da verdade, trabalha constantemente com as proposições. Ainda que, em definitivo, diga respeito às coisas, o conhecimento fá-lo tão inteiramente por intervenção das palavras que estas parecem dificilmente separáveis do nosso conhecimento geral. Pelo menos, interpõem-se tão bem entre os nossos entendimentos e a verdade que quereríamos contemplar e captar que, à semelhança de um meio através do qual passam os objectos visíveis, a obscuridade e desordem estendem muitas vezes um nevoeiro à frente dos nossos olhos e levam a melhor sobre o nosso entendimento. Se tivermos em conta quão grande parte das crenças falaciosas que os homens propõem, a si mesmos e aos outros, cabe às palavras e seus sentidos incertos ou erróneos, teremos razão para pensar que não são pequeno obstáculo no caminho do conhecimento e concluo daí que devemos estar cuidadosamente alertados, porque, até agora, houve tão pouco cuidado em nos fazer notar esse inconveniente que a arte de o corrigir foi proposta ao estudo dos homens e obteve reputação de ciência e de subtileza. Mas sou levado a crer que, se não fossem estas imperfeições da linguagem como instrumento do conhecimento, grande número de controvérsias que tanto barulho fazem pelo mundo seriam perfeitamente avaliadas e cessariam por si mesmas; e o caminho para o conhecimento, e talvez também a paz, abrir-se-ia mais largamente do que afora. (Liv. III, cap. IX, § 21.)

6) *Um exemplo de palavra perigosa: matéria*

15. A leitura atenta dos escritores filósofos descobrirá amplamente quantos nomes tomados como coisas são capazes de enganar o entendimento e talvez mesmo nomes pouco suspeitos de tal abuso. Apenas tomarei um exemplo, muito

EXTRACTOS

familiar. Quantas discussões bem complicadas tiveram lugar em torno de *matéria*, como se realmente houvesse tal coisa na natureza, distinta do *corpo*, se é que é evidente que a palavra matéria representa uma ideia distinta da ideia de corpo. Pois se as ideias que estes dois termos representam fossem precisamente as mesmas, estes termos poderiam ser empregues um pelo outro em toda a ocasião. Mas vemos que, embora seja correcto dizer: há uma matéria de todos os corpos, não se pode dizer: há um corpo de todas as matérias. Dizemos familiarmente que um corpo é maior que outro; mas a expresão soa mal — e penso que nunca se utiliza — se se disser que uma matéria é maior que outra. De onde vem isto, então? Do seguinte: ainda que matéria e corpo não sejam realmente distintos, mas que, onde quer que surja um, aí estará o outro, matéria e corpo representam, no entanto, duas concepções diferentes, uma das quais é incompleta e não é mais do que uma parte da outra. Corpo, com efeito, representa uma substância sólida, com uma extensão e uma forma de que a matéria não é mais do que uma concepção parcial e confusa. Parece-me que é utilizada para a substância e a solidez do corpo sem incluir nem a sua extensão nem a sua forma: essa é a razão por que, quando falamos de matéria, dela falamos sempre como de uma realidade única, porque, na verdade, não compreende expressamente senão a ideia de uma substância sólida que é sempre a mesma e sempre uniforme. Se é essa a nossa ideia de matéria, podemos tão pouco conceber ou falar de diferentes matérias no mundo como de diferentes solidezes, embora possamos conceber e falar de diferentes corpos porque a extensão e a forma são susceptíveis de variar. Mas, dado que a solidez não pode existir sem extensão nem forma, o facto de tomar o nome de matéria como nome de algo que existe realmente com essa precisão produziu indubitavelmente discursos obscuros e ininteligíveis que encheram as cabeças e os livros dos filósofos relativamente à *matéria--prima*; deixo entrever até que ponto tal imperfeição e abuso puderam aplicar-se a grande número de termos gerais. Posso, pelo menos, dizer que teríamos muito menos disputas no mundo se as palavras fossem tomadas por aquilo que são, unicamente sinais das nossas ideias, e não como sendo as coisas mesmas. Pois, quando argumentamos acerca da palavra *matéria*, ou sobre outro termo análogo, apenas argumentamos acerca da ideia que exprimimos através desse som, quer essa ideia precisa esteja de acordo com algo que existe ou não existe na natureza. Se os homens quisessem dizer quais as ideias que fazem representar pelas suas palavras, poderia haver apenas metade da obscuridade e da discussão que há na realidade na investigação e na defesa da verdade. (Liv. III, cap. X, § 15.)

IV. Conhecimento e razão. Razão e fé

1) *Natureza do conhecimento*

1. Dado que o espírito, em todos os seus pensamentos e raciocínios, não tem outro objecto imediato senão as suas próprias ideias, que só ele contempla efectivamente, ou pode contemplar, é evidente que o nosso conhecimento só a elas se aplica.

2. O conhecimento parece-me, então, não ser senão a *percepção da conexão e do acordo ou da oposição das nossas ideias*. Consiste apenas nisso. Onde quer que haja essa percepção, há conhecimento; onde ela não existir, ainda que possamos imaginar, conjecturar ou acreditar, ficamos sempre privados de conhecimento. Pois quando conhecemos que o branco não é o preto, que mais fazemos senão percepcionar que estas ideias não se acordam? Quando garantimos, com a máxima segurança da demonstração, que os três ângulos de um triângulo são iguais a dois rectos, que fazemos senão percepcionar que a igualdade a dois ângulos rectos é necessariamente válida e que é inseparável dos três ângulos de um triângulo?

8. Há diferentes modos segundo os quais o espírito possui a verdade; cada um deles se chama conhecimento.

1) Há um *conhecimento actual* que é a visão presente que o espírito tem do acordo ou do desacordo de várias ideias suas ou da relação que têm entre elas.

2) Diz-se que um homem conhece uma proposição que já foi apresentada ao seu pensamento; percepcionou evidentemente o acordo ou o desacordo das ideias que a constituem e alojou-a na sua memória, de modo que, sempre que esta proposição se apresenta outra vez, o homem, sem dú-

EXTRACTOS

vida nem hesitação, toma o justo partido, adere a ele e encontra-se certo da sua verdade. É, penso, o que se chama o conhecimento habitual.

9. Do conhecimento habitual há também, falando comummente, dois graus: em primeiro lugar, o das verdades instaladas na memória; sempre que elas se apresentam ao espírito, este *percepciona efectivamente* a relação entre as suas ideias. É o caso de todas as verdades de que temos conhecimento intuitivo e em que as próprias ideias, numa visão imediata, descobrem o seu acordo ou desacordo umas com as outras. Em segundo lugar, o das verdades de que o espírito se convenceu e das quais retém a memória dessa convicção passada, sem dela conservar as provas... (Liv. IV, cap. I, §§ 1, 2, 8, 9.)

2) *Intuição e demonstração*

1. Se quisermos reflectir sobre as nossas próprias maneiras de pensar, descobriremos que o espírito percepciona por vezes o acordo ou o desacordo de duas ideias *imediatamente por si mesmas*, sem intervenção de qualquer outra; é, penso, o que podemos chamar *conhecimento intuitivo*... É desta *intuição que dependem toda a certeza e a evidência de todo o conhecimento*... A certeza depende tão inteiramente desta intuição que, no segundo grau de conhecimento que chamo demonstrativo, esta intuição é necessária para todas as conexões das ideias intermediárias, sem que possamos alcançar conhecimento e certeza.

2. O grau seguinte de conhecimento dá-se quando o espírito percepciona o acordo ou o desacordo de todas as ideias, mas não imediatamente... A razão que impede o espírito de percepcionar sempre imediatamente o acordo ou o desacordo de duas ideias é que as ideias cujo acordo ou desacordo procuramos não podem ser trazidas ao saber. Neste caso, quando o espírito não pode trazer as ideias uma para junto da outra a fim de efectuar uma comparação imediata e, por assim dizer, por justaposição ou por aplicação de uma à outra, tem que *fazer intervir uma ou várias*

LOCKE

outras ideias (o que acontece) para descobrir o acordo ou o desacordo que procura, é o que chamamos *raciocínio...*

3. Estas ideias intermediárias, que servem para mostrar o acordo de duas outras ideias, chamam-se *provas*; por este meio, acordo e desacordo mostram-se distintamente e claramente, é o que se chama uma *demonstração,* pois mostra-se algo ao entendimento; faz-se ver ao espírito que é realmente assim. A rapidez do espírito para encontrar estas ideias intermediárias (que descobrirão o acordo ou o desacordo das outras ideias) e aplicá-las correctamente é, suponho, o que se chama *sagacidade.*

7. É evidente que todo o progresso num raciocínio que produz conhecimento possui uma certeza intuitiva... Esta percepção intuitiva do acordo ou do desacordo das ideias intermediárias, a cada passo e progresso da demonstração, deve ser também exactamente transferido para o espírito e há que ter a certeza que nenhuma das suas partes é descurada; em longas deduções e na utilização de muitas provas, a memória não retém sempre fácil e exactamente esse encadeado; por conseguinte, pode acontecer que o conhecimento demonstrativo seja menos perfeito do que o conhecimento intuitivo e que acatemos frequentemente um erro em vez de estabelecer uma demonstração.

14. Estes dois conhecimentos, intuição e demonstração, são os graus do nosso *conhecimento*; qualquer outro processo que não possa reconduzir-se a uma ou outra, mesmo se o acolhemos com confiança, não é senão fé ou opinião; não é conhecimento, pelo menos se se trata de uma verdade geral. (Liv. IV, cap. II, §§ 1, 2, 3, 7, 14.)

3) *Extensão do nosso conhecimento.*
   Matéria e pensamento

6. De tudo isto, torna-se evidente que a *extensão do nosso conhecimento* não alcança toda a realidade das coisas, e nem mesmo a simples extensão das nossas ideias... Temos as ideias de um *quadrado,* de um *círculo* e de *igualdade,* no entanto não seremos talvez nunca capazes de encontrar um círculo igual a um quadrado e de conhecer com certeza

EXTRACTOS

que é assim. Temos as ideias de *matéria* e de *pensamento*, mas é possível que nunca venhamos a saber se um ser puramente material será alguma vez capaz de pensamento; pois é-nos impossível, sem revelação, pela contemplação das nossas próprias ideias, descobrir se o Todo-Poderoso não terá dado a alguns sistemas de matéria, devidamente dispostos, o poder de percepcionar e de pensar ou, em vez disso, não terá juntado e fixado à matéria assim disposta uma substância imaterial e pensante; pois, relativamente às nossas noções, não está mais longe da nossa compreensão conceber que DEUS pode, se Lhe agradar, adicionar à matéria *uma faculdade de pensar* de preferência a adicionar-lhe *uma outra substância dotada de uma faculdade de pensar*, pois não sabemos em que consiste o pensamento, nem a que espécies de substâncias aprouve ao Todo-Poderoso conceder esse poder que não pode, por si mesmo, encontrar-se em nenhum ser criado, mas nele se encontra somente pelo bel-prazer e pela bondade do Criador. Pois não vejo nenhuma contradição em que o primeiro Ser Eterno pensante, o Espírito Todo-Poderoso, possa conceder, se Lhe agradar, a alguns sistemas de matéria criada e privada de sentidos, dispostos como Ele achar conveniente, alguns graus de sensação, de percepção e de pensamento, embora não deixe de ser uma contradição supor que a matéria — que é, evidentemente, pela sua natureza própria, privada de sentidos e de pensamento — possa ser esse Ser Eterno, primeiro pensante. (Liv. IV, cap. VII, § 6.)

4) *Moral, ciência demonstrativa*

18. A ideia de um Ser Supremo, de poder, bondade e sabedoria infinitos, de quem somos a obra e de quem dependemos, e a ideia que temos de nós mesmos, como de um entendimento e uma criatura racional, com a clareza que em nós têm, revelariam, suponho, se as considerássemos e se continuássemos a estudá-las correctamente, os fundamentos do nosso dever e das nossas regras de acção capazes de colocar a *moral* entre as ciências demonstrativas, nas quais não duvido que, a partir de proposições em si evidentes, poderiam, através de consequências necessárias, tão incontestáveis como as que se obtêm em matemática, ser postas em evidência, por quem quer que se empenhasse com a

mesma calma e atenção a uma destas ciências como o faz para a outra, as medidas do bem e do mal. A *relação* de outros *modos* pode certamente ser percepcionada tal como entre os modos do número e da extensão e não posso ver porque é que aqueles não seriam também susceptíveis de demonstração, se se assentassem métodos correctos para examinar e para investigar o seu acordo ou desacordo. «Onde não há propriedade não há injustiça», é uma proposição tão certa como uma proposição de Euclides; pois a ideia de propriedade é a ideia de um direito a qualquer coisa e a ideia a que chamamos *injustiça* é assim designada porque se trata de uma invasão e de uma violação desse direito; é por isso evidente que estando essas ideias assim estabelecidas e estando-lhes juntos estes nomes eu posso conhecer com tanta certeza a verdade daquela proposição como desta: um triângulo tem três ângulos iguais a dois rectos. E ainda: «nenhum governo concede a liberdade absoluta»; a ideia de governo sendo a de estabelecimento da sociedade segundo certas regras ou leis que exigem a conformidade com elas, e a ideia de liberdade sendo a de que cada um pode fazer tudo o que lhe agrada, posso estar tão certo da verdade desta proposição como de qualquer outra em matemática.

5) *Diferentes espécies de verdades*

10. Começarei pelas proposições *gerais*, são as mais utilizadas pelos nossos pensamentos e merecem consideração. São as mais procuradas pelo espírito, assim como as que mais alargam o nosso conhecimento e o seu carácter compreensivo satisfaz-nos, ao mesmo tempo, acerca de muitos casos particulares, abre-nos os horizontes e encurta o nosso caminho para o conhecimento.

11. Além da verdade em sentido estrito atrás referida, há outras espécies de verdades: 1. A verdade moral, que fala das coisas segundo a persuasão dos nossos próprios espíritos, ainda que a proposição de que falamos não concorde com a realidade das coisas; 2. A verdade metafísica, que não é senão a existência real das coisas, que se assemelha às ideias a que anexámos os seus nomes. Esta, ainda que pareça consistir na existência real das coisas, quando a consideramos melhor, parecerá, no entanto, incluir uma pro-

EXTRACTOS

posição tácita pela qual o espírito junta essa coisa particular à ideia que definira anteriormente ao fixar-lhe um nome. (Liv. IV, Cap. V, §§, 10, 11.)

6) *Máximas recebidas*

1. Há uma espécie de proposições que, sob a denominação de *máximas* ou de *axiomas*, passaram por princípios da ciência e que por serem *em si evidentes* foram tidos como inatos, sem que alguém (a meu conhecimento) tenha alguma vez conseguido mostrar a razão e o fundamento da sua clareza e do seu poder de convicção...

3. Consideremos se esta evidência é particular apenas a estas proposições que se dão comummente com o nome de máximas e têm a dignidade de axiomas reconhecidos. É então claro que várias verdades, que não consideramos axiomas, partilham igualmente com aquelas tal evidência em si. Veremos, se passarmos em revista as diferentes espécies de acordo e de desacordo que mencionei atrás, identidade, relação, coexistência e existência real, que havemos de descobrir que não são apenas aquelas poucas proposições que honrámos com o nome de axiomas que são em si evidentes, mas também muitas outras e mesmo uma quantidade infinita de outras proposições têm tal qualidade.

8. Consideremos agora a influência que têm essas máximas recebidas sobre as outras partes do nosso conhecimento. As regras estabelecidas nas escolas, segundo as quais todos os raciocínios decorrem de proposições conhecidas e admitidas de antemão, parecem colocar o fundamento de qualquer conhecimento nesses axiomas e supor que eles são conhecidos de antemão. Entende-se, penso, com isso duas coisas: em primeiro lugar, seriam as verdades conhecidas primeiramente pelo espírito; em segundo lugar, delas é que dependem as outras partes do conhecimento.

9. Que essas máximas não sejam as primeiras verdades conhecidas pelo espírito é o que a experiência mostra manifestamente, como mostrámos no Liv. I, cap. I. Quem não se dá conta que uma criança conhece com certeza que um estranho não é a sua mãe, que o biberão não é um cacete,

muito antes de saber que é impossível que a mesma coisa seja e não seja? E quantas verdades há acerca dos números às quais, como observamos, o espírito é muito familiar e delas perfeitamente convicto antes de ter alguma vez pensado nessas máximas gerais a que frequentemente se referem os matemáticos nos seus argumentos? A razão é bem clara; o que leva o espírito a admitir tais proposições não é senão a percepção que ele tem do acordo ou do desacordo das suas ideias, consoante as vê afirmadas ou negadas uma da outra nas palavras que compreende; toda a ideia é conhecida como sendo aquilo que é e duas ideias distintas são conhecidas como não sendo a mesma ideia; daí decorre necessariamente que verdades evidentes em si, consistindo em ideias que estão em primeiro lugar no espírito, devem ser primeiramente conhecidas. As primeiras ideias que estão no espírito são evidentemente as ideias particulares, das quais, por degraus, o entendimento progride lentamente para algumas ideias gerais... Pois as ideias abstractas não são tão evidentes nem tão fáceis às crianças e aos espíritos ainda não treinados como as ideias particulares.

11. Diremos então das máximas gerais que não servem para nada? De modo nenhum, ainda que o seu uso talvez não seja aquele que comummente se crê. Mas dado que duvidar minimamente daquilo que certos homens atribuíram a tais máximas se presta a suscitar gritos de protesto porque tal dúvida poderia destruir o fundamento de todas as ciências, pode ser razoável comparar essas máximas com outras partes do nosso conhecimento e examinar mais particularmente para que fins podem servir e para que fins não podem.
1) É evidente, de tudo o que já foi dito, que não têm qualquer utilidade para provar ou para confirmar proposições menos gerais e evidentes em si.
2) É também manifesto que elas não são nem nunca foram os fundamentos sobre os quais qualquer ciência tenha sido jamais construída. Há, bem sei, boa dose de palavreado, propagado pelos escolásticos, acerca das ciências e das máximas sobre as quais teriam sido construídas; mas foi azar meu não ter nunca encontrado essas ciências e menos ainda uma ciência que tivesse sido construída sobre as duas máximas, *o que é é* e *é impossível à mesma coisa ser e não ser*. E ficaria feliz se me pudessem mostrar onde encontrar ciência

EXTRACTOS

dessa espécie, construída sobre estes axiomas ou outros axiomas gerais, bem como agradecido a quem quer que me pusesse perante os olhos o quadro e o sistema de uma ciência construída sobre tais máximas ou outras semelhantes, que não poderiam ser considerados tão sólidos se não se tivessem em conta tais máximas. Pergunto se essas máximas não serviriam, de facto, para o mesmo, tanto na teologia e nas questões teológicas como nas outras ciências. Também aqui servem para fazer calar os contraditores e para pôr fim a uma discussão. Mas penso que ninguém dirá que a religião cristã é construída sobre essas máximas nem que a consciência que dela temos é tirada desses princípios. Recebemo-la da revelação e, sem ela, tais máximas não nos poderiam nunca ter ajudado a conhecê-la. Quando descobrimos uma ideia cuja intervenção nos faz descobrir a conexão de duas outras, isso é uma revelação que Deus nos faz pela voz da razão. Pois conhecemos assim uma verdade que antes não conhecíamos. Quando Deus nos afirma uma verdade, trata-se de uma revelação que Ele nos faz pela voz do seu Espírito e progredimos no conhecimento. Mas, em nenhum destes casos, recebemos luz ou conhecimento acerca das máximas. Num dos casos, as próprias coisas trazem o conhecimento e vemos nelas a verdade, percepcionando o seu acordo ou desacordo. No outro, o próprio Deus no-lo traz imediatamente e vemos a verdade do que Ele diz com a sua veracidade que nunca engana (Liv. IV, cap. VII, §§ 1, 3, 8, 9, 11).

7) *O nosso triplo conhecimento da existência*

2. Digo, então, que temos conhecimento da *nossa própria* existência por intuição, da existência de *Deus* por demonstração e da das *outras coisas* pela sensação.

3. *Quanto à nossa própria existência*, percepcionamo-la tão claramente que não requer nenhuma prova. Pois nada pode ser mais evidente para nós que a nossa própria existência. Eu penso, eu raciocino, experimento prazer e dor; qualquer um destes actos pode ser para mim mais evidente do que a minha existência? Se duvido de todas as outras coisas, essa mesma dúvida me faz percepcionar a minha própria existência e não admitirá que dela duvide. Pois, se sei

que sinto sofrimento, é evidente que tenho uma percepção tão certa da minha própria existência como da existência do sofrimento que sinto; ou, se sei que duvido, tenho uma percepção tão certa da coisa que está a duvidar como desse pensamento a que *chamo dúvida*. A experiência convence--nos, então, que temos um *conhecimento intuitivo* da nossa própria existência e uma percepção interior infalível de que somos. Em qualquer acto de percepção, de raciocínio ou de pensamento, estamos conscientes em nós mesmos do nosso próprio ser e, a este respeito, não decaímos do mais elevado grau de certeza. (Liv. IV, cap. IX, §§ 1, 2.)

6. Assim, da consideração de nós mesmos e daquilo que infalivelmente encontramos nas nossas próprias constituições, a nossa razão conduz-nos ao conhecimento desta verdade certa e evidente: que *há um Ser Eterno, todo-poderoso e omni-sapiente*; se a alguém agrada chamar-lhe Deus, não é isso que importa. A coisa é evidente e, desta ideia devidamente considerada, deduziremos facilmente todos os outros atributos que devemos atribuir a esse Ser Eterno. Se, porém, encontrasse alguém com uma arrogância suficientemente insensata para supor que só o homem está dotado de conhecimento e de sabedoria, sendo ele, no entanto, somente produto da ignorância e do acaso e que todo o resto do universo é movido somente por um acaso cego, responder-lhe-ia com esta saída muito razoável e muito significativa de Cícero, *De Legibus*, liv. II, para que medite à vontade: «Que poderá existir de mais tolamente arrogante e desagradável da parte de um homem do que pensar que possui um espírito e um entendimento e que, no entanto, em todo o universo que o rodeia, não existe nada de semelhante?» (Liv. IV, cap. X, § 6.)

1. O conhecimento da existência de *uma outra coisa* é algo que só podemos ter pela *sensação*; pois, tal como não há nenhuma conexão necessária da existência real com nenhuma ideia que o homem tenha na memória, nem de nenhuma outra existência senão a de Deus com a existência de um homem particular, também nenhum indivíduo humano pode conhecer a existência de um outro ser senão quando, através de uma acção efectiva sobre esse indivíduo, esse ser se pode fazer percepcionar por ele. O facto de ter uma ideia de qualquer ser no nosso espírito não prova mais

EXTRACTOS

a existência desse ser do que o retrato de um homem testemunharia da sua existência no mundo, ou que as visões dum sonho constituem uma história verdadeira.

3. A informação que os nossos sentidos nos dão da existência de coisas fora de nós, embora não sendo tão completamente certa como o nosso conhecimento intuitivo ou como as deduções da nossa razão que trabalha sobre as claras ideias abstractas dos nossos próprios espíritos, é, no entanto, uma segurança que merece o nome de *conhecimento*. Se nos convencemos que as nossas faculdades agem e nos informam correctamente acerca da existência desses objectos que nos afectam, isso não pode ser tido como uma confiança injustificada: pois penso que ninguém pode ser seriamente tão céptico que fique incerto quanto à existência das coisas que vê e que toca. (Liv. IV, cap. XI, §§ 1, 3.)

9. Na nossa investigação para conhecer as *substâncias*, a ausência de ideias que estejam de acordo com tal maneira de proceder obriga-nos a usar de um método completamente diferente; não progredimos então, como no outro método (em que as nossas ideias abstractas são tanto essências reais como essências nominais), considerando as nossas ideias e examinando as suas relações e correspondências... A experiência deve aqui instruir-me acerca daquilo que a razão não me pode fazer conhecer e só por tentativas é que eu posso conhecer com certeza que outras qualidades coexistem com as das minhas ideias complexas e se, por exemplo, este corpo amarelo, pesado e susceptível de fusão que chamo ouro é ou não maleável; esta experiência (seja qual for o modo como o manifesta sobre este corpo particular que examino) não me dá a certeza que o mesmo se passa com todos os corpos, nem mesmo com os outros corpos amarelos, pesados e susceptíveis de fusão, mas somente com este sobre o qual experimentei...

10. Não nego que um homem acostumado a fazer experiências racionais e regulares seja capaz de ver mais longe acerca da natureza dos corpos e de conjecturar com maior pertinência acerca das propriedades desconhecidas do que um homem que lhes é alheio; mas, no entanto, como dizia, não é senão juízo e opinião, não conhecimento nem certeza. Este modo de obter e de melhorar o nosso conhecimento

somente acerca das substâncias através da experiência e da história, que é tudo o que pode alcançar a fraqueza das nossas faculdades neste estado de mediocridade em que estamos neste mundo, faz-me suspeitar que a *filosofia natural não é capaz de tornar-se uma ciência* (Liv. IV, cap. XII, §§ 9, 10).

8) *O juízo*

3. A faculdade que Deus nos deu para compensar a falta de conhecimento claro e certo, no caso de não o podermos obter, é o *juízo*; através dela, o espírito capta que as suas ideias estão ou não de acordo, ou, o que vem a ser o mesmo, que uma proposição pode ser verdadeira ou falsa sem que percepcionemos uma evidência demonstrativa nas provas... Esta faculdade do espírito, quando se exerce imediatamente sobre as coisas, chama-se *juízo*; quando se exerce sobre verdades enunciadas pela linguagem, chama-se, mais correntemente, *assentimento* ou *dissentimento*; esta é a maneira mais habitual de empregar esta faculdade. (Liv. IV, cap. XIV, § 3.)

9) *A probabilidade*

3. A probabilidade é verosimilhança, tal a verdadeira maneira de definir esta palavra cujo sentido é o de que se trata de uma proposição fundada em argumentos ou provas que a fazem admitir e aceitar como verdadeira. O acolhimento que o espírito dá a esta espécie de proposições chama-se *crença, assentimento* ou *opinião*, é a admissão ou a recepção enquanto verdadeira de uma proposição na base de argumentos ou de provas que se consideram suficientemente persuasivos para a fazer acolher como verdadeira, sem que tenhamos conhecimento certo de que seja bem assim. É aí que se encontra a diferença entre *probabilidade e certeza, fé* e *conhecimento*; em todas as partes do conhecimento há intuição; cada ideia intermediária, cada passo em frente tem a sua conexão visível e certa; na fé não se passa o mesmo. O que me leva a crer que é algo de exterior àquilo em que creio, algo não junta manifestamente as duas ideias e que também não mostra de modo manifesto o acordo ou o desacordo das ideias que são consideradas.

EXTRACTOS

4. Portanto, a probabilidade, que serve para compensar a deficiência do nosso conhecimento e para nos guiar onde este falha, está ligada às proposições relativamente às quais temos, não uma certeza, mas apenas alguns motivos para tomá-las como verdadeiras; as suas bases são, em resumo, as duas que seguem:
1) A conformidade de qualquer coisa com o nosso próprio conhecimento, observação e experiência;
2) O testemunho de outrem, que a sua observação e experiência atestam. Quanto ao testemunho de outrem, há que ter em conta: 1.º) o número; 2.º) a integridade; 3.º) a capacidade das testemunhas; 4.º) a intenção do autor, quando se trata do testemunho obtido num livro citado; 5.º) a coerência das partes e as circunstâncias da relação; 6.º) a contrariedade dos testemunhos Liv. IV, cap. XV, §§ 3, 4).

5. As proposições que recebemos acerca de sugestões de probabilidade são de duas espécies: ou dizem respeito a uma existência particular, ou, como habitualmente se diz, uma questão de facto que, caindo sob a observação, é passível de testemunho humano; ou dizem respeito a coisas que, estando para lá do testemunho dos nossos sentidos, não são susceptíveis de qualquer testemunho.

6. Tratando-se da primeira espécie, há uma questão de facto particular.
1) Quando uma coisa particular que concorda com a nossa observação constante e com a dos outros homens que se encontram no mesmo caso é atestada pelo relato concordante de todos os homens que a mencionam, aceitamo-la também facilmente e sobre ela construímos com tanta firmeza como se houvesse ciência certa, raciocinamos e agimos a partir dela com tão pouca dúvida como se tivesse havido uma demonstração perfeita. Assim, se todos os ingleses que têm ocasião de o mencionar afirmassem que no último Inverno gelou em Inglaterra ou que foram vistas andorinhas no Verão, penso que um homem poderia duvidar tão pouco a este respeito como da verdade que sete e quatro são onze. É o primeiro e mais alto grau de probabilidade.

7. 2) *O grau seguinte de probabilidade* vem do facto de, descobrindo pela minha experiência pessoal e pelo acordo com todos os outros homens que mencionam o caso, que

uma coisa se produz de certo modo na maior parte das vezes e que este caso particular é atestado por muitas testemunhas e dignas de crédito... se todos os historiadores que escrevem sobre Tibério dizem que ele agiu de determinada maneira, o facto é extremamente provável. Neste caso, o nosso assentimento tem base suficiente para se elevar àquele grau que podemos chamar *de confiança*.

8. 3) Nas coisas que sucedem de modo indiferente, como o facto de um pássaro voar nesta ou naquela direcção, que uma descarga eléctrica se produziria sobre a mão direita ou sobre a mão esquerda de um homem, etc., quando uma questão de facto particular é atestada pelos testemunhos concordantes de testemunhas insuspeitas de erro, então o nosso assentimento é também inevitável. Assim, há em Itália uma cidade que se chama Roma; há cerca de mil e setecentos anos vivia aí um homem chamado Júlio César, era um general e ganhou uma batalha contra outro general chamado Pompeu. Estes factos, embora na natureza das coisas não tenham pró nem contra, sendo, no entanto, relatados por historiadores de grande renome e não sendo negados por nenhum escritor, não podemos deixar de acreditar neles e pode-se duvidar deles tão pouco como do facto da existência e das acções daqueles que nos rodeiam, de que nós mesmos somos testemunhas.

12. Sobre outra espécie de probabilidade, a partir da qual os homens têm opiniões com assentimentos diversos, *dado que as coisas são de molde a não cair sob a alçada dos nossos sentidos e que podemos testemunhá-las*. Assim: 1, a existência, a natureza e as operações de seres finitos imateriais fora de nós, espíritos, anjos, demónios, etc.; ou a existência de seres materiais que os nossos sentidos não possam percepcionar, seja devido à sua própria pequenez, seja pela distância a que estão de nós. Por exemplo, se há plantas, animais ou habitantes inteligentes nos planetas ou em outros lugares do vasto universo; 2, o modo de operação na maior parte das obras da natureza; mesmo se lhes vemos os efeitos sensíveis, as suas causas são, no entanto, desconhecidas e não percepcionamos nem os meios de produção nem o modo como esses efeitos se produzem. (Liv. IV, cap. XVI, §§ 5, 6, 7, 8, 12.)

EXTRACTOS

10) Razão

1. Na língua inglesa, a palavra *reason* tem sentidos diferentes: é por vezes tomada como «princípios verdadeiros e claros», outras vezes como «deduções claras e legítimas a partir desses princípios», ou ainda como «causa», particularmente «causa final». Mas quero considerar aqui um sentido diferente dos anteriores: a palavra representa uma faculdade humana, a faculdade pela qual o homem é suposto distinguir-se dos animais e através da qual, evidentemente, os ultrapassa em muito.
2. Se o conhecimento geral, como já se mostrou, consiste numa percepção do acordo ou do desacordo das nossas próprias ideias e no conhecimento de todas as coisas exteriores a nós (à parte o conhecimento de um Deus cuja existência qualquer homem pode conhecer com certeza e demonstrar a partir da sua própria existência), ainda que apenas o tenhamos através dos nossos sentidos, que lugar fica para o exercício de uma faculdade diferente do *sentido externo* ou da *percepção interna*, que necessidade há para a razão? Há-a e grande, para simultaneamente alargar o nosso conhecimento e regular o nosso assentimento. Pois a razão deve intervir tanto no conhecimento como na opinião e é necessária a todas as faculdades intelectuais que ela confirma e, na verdade, contém duas delas, a *sagacidade* e a *inferência*. Uma fá-la descobrir e a outra põe em ordem as ideias intermediárias a fim de ver qual a conexão existente entre os elos da cadeia que une os extremos. Assim, ela põe, por assim dizer, em evidência a verdade que se busca e é o que chamamos *ilação* ou inferência, o que não consiste senão na percepção da conexão que há entre as ideias; a cada passo da dedução, é através dela que o espírito chega a ver quer o acordo quer o desacordo entre duas ideias, como em uma demonstração que o faz alcançar o *conhecimento*; ou a sua conexão provável, à qual dá ou mantém assentimento, como na *opinião*. O sentido e a intuição percorrem apenas um caminho bem curto. A maior parte do nosso conhecimento depende de deduções e de ideias intermédias; nos casos em que somos obrigados a substituir o conhecimento pelo assentimento e a tomar como verdadeiras proposições sem ter a certeza de que o são, precisamos de descobrir, examinar e comparar as bases da sua probabilidade. Nestes dois casos, a faculdade que descobre os meios e os aplica correctamente,

para descobrir, num a certeza, noutro a probabilidade, chama-se razão. Pois, tal como a razão percepciona a conexão necessária e indubitável que liga uma a outra todas as ideias ou provas a cada passo de qualquer demonstração que produz conhecimento, assim também percepciona igualmente a conexão provável que liga uma a outra todas as ideias ou provas em qualquer progresso de um discurso a que se deve assentimento. Este é o grau mais baixo daquilo a que podemos verdadeiramente chamar razão... Pois, onde quer que o espírito não percepcione esta conexão provável, onde quer que ele não discerne se há ou não tal conexão, as opiniões humanas são, não produto do juízo ou consequência da razão, mas efeito da sorte ou do acaso num espírito que deriva à aventura, sem arbítrio nem direcção.

3. Assim, podemos considerar na *razão* quatro graus: primeiro, o mais elevado, é a descoberta e o apuramento das verdades; o segundo, é a sua disposição regular e metódica e o ordenamento numa série clara e adequada, para tornar perceptível a sua conexão e força, com plena clareza e facilidade; o terceiro é a percepção da sua conexão e o quarto o estabelecer de uma conclusão correcta. (Liv. IV, cap. XVII, §§ 1, 2, 3.)

11) *Inutilidade do silogismo*

4. Há ainda uma coisa que desejaria ver tida em conta no que respeita à razão: se o *silogismo,* como geralmente se pensa, será o seu instrumento próprio e o meio mais útil de exercer essa faculdade. Eis as causas que tenho para disso duvidar:

Primeiramente, o silogismo não serve à nossa razão senão em uma das partes acima referidas, a de mostrar a conexão das provas em um único exemplo, e nada mais; mesmo então não é de grande utilidade, pois o espírito pode percepcionar essa conexão onde ela efectivamente se encontra de modo igualmente fácil, e talvez mesmo melhor, sem ele.

Em segundo lugar: outra razão me leva a duvidar de que o silogismo seja o único instrumento adequado para a descoberta da verdade pelo facto de, seja qual for o *modo* e a *figura* que se pretendam para a descoberta do erro, *estas formas escolásticas de exposição não estão menos sujeitas a erro do que os modos mais claros de argumentação.* A este

EXTRACTOS

respeito, apelo para a observação corrente, que sempre considerou tais métodos artificiais de raciocínio mais aptos para surpreender e montar armadilhas ao espírito do que para instruir e para informar o entendimento. (Liv. IV, cap. XVII, § 4.)

12) Fé e razão

2. A razão, na sua oposição à *fé*, considero-a como a descoberta da certeza ou da probabilidade das proposições ou das verdades às quais o espírito chega por dedução a partir das ideias obtidas pelo uso das suas faculdades naturais, a sensação ou a reflexão.

A *fé*, por seu turno, é o assentimento a uma proposição que não se obtém por deduções da razão, mas assenta no crédito de quem a propõe como vinda de Deus graças a qualquer meio extraordinário de comunicação. Este modo de descobrir as verdades aos homens chamamo-lo *revelação*.

3. Digo então, em primeiro lugar, que *nenhum homem inspirado por Deus pode comunicar aos outros, por qualquer revelação, novas ideias simples que eles não tivessem tido antes pela sensação ou pela reflexão...* As palavras, através da sua acção imediata sobre nós, não geram ideias diferentes das dos seus sons naturais e é costume utilizá-las como sinais que as levam a despertar e a reviver nos nossos espíritos ideias que neles estão latentes, mas trata-se apenas de ideias que já aí se encontravam... Assim, seja o que for que tenha sido descoberto a S. Paulo, na altura em que foi arrebatado até ao terceiro céu, por novas que tenham sido as ideias recebidas pelo seu espírito, toda a descrição que delas pode fazer a outros homens é apenas a seguinte. Há coisas «que o olhar não viu, nem o ouvido ouviu e que não foram jamais dadas a conceber ao coração do homem»... Para as nossas ideias simples que são a base e a matéria única de todas as nossas noções e do nosso conhecimento, devemos depender inteiramente da nossa razão e não podemos recebê-las, nem receber nenhuma delas da revelação tradicional. Digo: *revelação tradicional*; que distingo da *revelação original*; entendo por esta aquela primeira impressão operada imediatamente por Deus sobre o espírito de um homem, à qual não podemos assinalar qualquer limite, e entendo por

aquela as impressões que são expostas a outros homens em palavras, do modo comum como nos transmitimos as nossas concepções uns aos outros...

5. Por conseguinte, *nenhuma proposição pode ser recebida como uma revelação divina ou obter o assentimento devido a esta revelação se contradisser o nosso claro conhecimento intuitivo...* A fé não pode nunca convencer-nos seja do que for que contradiga o nosso conhecimento. Pois, ainda que a fé se funde no testemunho de Deus (que não pode mentir) que nos revela uma proposição, não podemos, no entanto, ter a garantia da verdade segundo a qual uma proposição é uma revelação divina maior que o nosso próprio conhecimento. Pois toda a força da certeza depende do conhecimento que temos de que Deus a revelou; no caso em que a suposta proposição revelada contradiz o nosso conhecimento ou a nossa razão, terá sempre contra ela a objecção de que não podemos dizer que ela vem de Deus, Autor muito generoso do nosso ser, quando, se admitimos essa revelação como verdadeira, ela destrói assim todos os princípios e todos os fundamentos do conhecimento que Ele nos deu.

8. Mas visto que Deus, ao dar-nos a luz da razão, não ficou com as mãos presas para nos trazer, quando achar bem, a luz da revelação acerca de uma daquelas matérias sobre as quais as nossas faculdades naturais podem proporcionar uma conclusão provável, a *revelação*, quando for do agrado de Deus no-la dar, deve superar as conjecturas prováveis da razão. Pois o espírito que não está certo da verdade do que não conhece com evidência apenas cede à probabilidade do que lhe aparece, deve entregar o seu assentimento a um testemunho que, pela sua convicção, vem daquele que não se pode enganar e que não quer desiludir.

10. É este o ponto a que chega o poder da fé e isso sem fazer violência ou oposição à razão, que não é agredida nem perturbada mas, pelo contrário, ajudada e melhorada por novas descobertas da verdade provenientes da fonte eterna de todo o conhecimento. Tudo o que Deus revelou é certamente verdadeiro; não pode haver a esse respeito qualquer dúvida. É objecto próprio da fé; mas a razão deve julgar se há revelação *divina* ou não. A razão nunca pode permitir

EXTRACTOS

ao espírito que rejeite uma evidência maior para abraçar o que é menos evidente, nem admitir que ele acolha a probabilidade por oposição ao conhecimento e à certeza. (Liv. IV, cap. XVIII, §§ 2, 3, 5, 8, 10.)

14. Deus, ao fazer o profeta, não desfaz o homem. Deixa todas as suas faculdades no seu estado natural, para torná-lo capaz de julgar das inspirações e saber se são de origem *divina* ou não... A razão deve ser, em tudo, o nosso último juiz e guia.

16. Não é a força da nossa persuasão privada em nós mesmos que pode garantir que ela seja uma luz ou um movimento que vem do céu; só a Palavra de Deus o pode fazer, na sua Escritura, fora de nós, ou então aquele critério da razão que nos é comum juntamente com todos os homens. (Liv. IV, cap. XIX, §§ 14, 16.)

BIBLIOGRAFIA

A importância filosófica, política e religiosa de Locke originou desde o séc. XVIII uma abundante literatura. Sucederam-se edições das obras, críticas, comentários e elogios. Seria preciso um volume completo para esgotar a lista das obras até hoje publicadas. Encontrar-se-ão aqui, a juntar à lista das obras indicadas, no início deste volume três títulos de obras publicadas postumamente, seguidos dos títulos das obras mais importantes, comentários e críticas publicados, entre outros, de 1908 até aos nossos dias.

1693. LOCKE, *Some Thoughts Concerning Education.*
1714. Works of John LOCKE, 3 vol., 2.ª ed., 1722; ... 10.ª ed., 10 vol., 1801.
1821-1825. *Œuvres philosophiques de Locke* (traduzidas por COSTE), 7 vol., Paris.
1908. OLLION (H.), *La philosophie générale de Locke*, Paris.
1912. BASTIDE (Ch.), *John Locke, ses théories politiques et leur influence en Angleterre*, Paris.
1917. GIBSON (J.), *Locke's Theory of Knowledge and its Historical Relations*, Cambridge.
1941. MCLACHLAN (H.), *The Religious Opinions of Milton, Locke and Newton*, Manchester.
1949. JAMES (D. G.), *The Life of Reason, Hobbes, Locke, Bolingbroke*, Londres, Nova Iorque, Toronto.
1950. GOUGH (J. W.), *John Locke's Political Philosophy*, Oxford.
1952. KLEMMT (A.), *John Locke: Theoretische Philosophie*, Meisenheim/Glan.
1955. AARON (R. I.), *John Locke*, 2.ª ed., Oxford.

LOCKE

1956. YOLTON (J. W.), *John Locke and the Way of Ideas,* Oxford.
1957. John LOCKE,*Ein Brief über Toleranz,* English-Deutsch, tradução, introdução e notas por Julius EBBINGHAUS, Hamburgo.
1961. John LOCKE, *Lettera sulla Tolleranza,* texto em latim e versão italiana, Firenze.

ÍNDICE

A VIDA 9

A FILOSOFIA 19
    A Carta sobre a Tolerância 19
    Do Governo Civil 21
    Ensaio sobre o Entendimento Humano 24
    1. *Rejeição das ideias inatas* 26
    2. *Ideias de sensação e ideias de reflexão, origem e natureza* 30
    3. *Os perigos da linguagem* 37
    4. *Conhecimento e probabilidade* 39

EXTRACTOS 47

  I. Objectivo e método 47
    1. *Objectivo do «Ensaio»* 47
    2. *Valor da independência do juízo, perigo da crença cega* 50
 II. Ideias de sensação e reflexão: sua natureza. Nossas ideias principais 52
    1. *Origem das nossas ideias* 52
    2. *Ideias simples* 54
    3. *A solidez ocupa o espaço* 55
    4. *As ideias de espaço, de distância, de capacidade, de imensidade e de forma. Poder de formar novas ideias* 56
    5. *O corpo e a extensão. A ideia de espaço puro* 57
    6. *As ideias de duração e de tempo* 60
    7. *A ideia de poder: liberdade e necessidade* ... 62
    8. *Ideias complexas de substâncias* 67

    9. *A ideia de Ser Supremo* 70
  10. *Ideia da identidade pessoal* 72
III. A linguagem e os seus riscos 73
    1. *O sentido das palavras* 73
    2. *Os termos gerais* 73
    3. *Ininteligibilidade das formas substanciais* 75
    4. *Papéis respectivos da natureza e do homem na constituição das espécies e essências* 77
    5. *Como tomou Locke consciência da importância das palavras para o conhecimento* 77
    6. *Um exemplo de palavra perigosa: matéria* 78
IV. Conhecimento e razão. Razão e fé 80
    1. *Natureza do conhecimento* 80
    2. *Intuição e demonstração* 80
    3. *Extensão do nosso conhecimento. Matéria e pensamento* 82
    4. *Moral, ciência demonstrativa* 83
    5. *Diferentes espécies de verdades* 84
    6. *Máximas recebidas* 85
    7. *O nosso triplo conhecimento da existência* 87
    8. *O juízo* 90
    9. *A probabilidade* 90
  10. *Razão* 93
  11. *Inutilidade do silogismo* 94
  12. *Fé e razão* 95

BIBLIOGRAFIA 99

Este livro foi composto e impresso
na GUIDE - Artes Gráficas, Lda.
durante o mês de Abril de 1985
para EDIÇÕES 70
Depósito Legal n.º 6926/85